Couverture
Quand le bras est malade
© Benoist Saul Lhoni, Saint-Gratien 2019

Tous droits de traduction,
de reproduction, d'adaptation et
de représentation réservés pour tous pays

ISBN 978-2-3220-199-22

L'annonce faite à Mukoko
ou Mbulu-Mbulu
&
Quand le bras est malade

Du même auteur

Récits
Le Troisième Jour, *Plaidoirie pro domo*, Paris, BoD, 2018.

L'exode, *Bisi Mavula*, Paris, BoD, 2018.

Contes
Guirlandes fanées *Contes du Congo Brazzaville,* Paris, Acoria, 2011.

Nouvelles guirlandes fanées *Contes et légendes du Congo Brazzaville,* Paris, Acoria, 2017.

Proverbes
Le Masque des Mots *sous le toit de mon père (traduction de proverbes Kongo),* Paris, BoD, 2018.

Histoire
Brazzaville *Cœur de la nation congolaise* 1880-1970, BoD, Paris 2018.

Essai
Georges Brassens, *les diables s'en mêlent à présent*, BoD, Paris, 2018.

Poésie
Du pays d'où nous venons, BoD, Paris mars 2018 (en collaboration avec Benoist Saul Lhoni).

Patrice Joseph Lhoni

L'annonce faite à Mukoko ou Mbulu-Mbulu

Drame

Quand le bras est malade

Comédie

PRÉFACE

Quel dramaturge congolais peut affirmer ne pas être un *frère en littérature* de Patrice Joseph Lhoni ? De Guy Menga à Maxime Ndébéka, en passant par Sylvain Bemba, ou Sony Labou Tansi et Dieudonné Niangouna, le théâtre de Patrice Joseph Lhoni fut un exemple de construction dramaturgique. Nous avons, tous, grandi dans les bras des textes comme *Matricule 22* et *Les Trois Francs*. Ces textes nous ont accompagnés à travers diverses mises en scène professionnelles ou d'amateurs. Le *Théâtre National*, les compagnies privées, les écoles et les lycées ont puisé dans une œuvre qui anticipait notre avenir en nous plaçant au centre de notre histoire.

Le Congo, dès les années précédant les indépendances, se construit, avec des auteurs comme Tchicaya U'Tamsi, Jean Malonga, Letembet-Ambilly, Guy Menga et Patrice Joseph Lhoni, un regard tourné vers la question congolaise. C'est comme si l'espace du cri d'affirmation que lance le poète Tchicaya U'Tamsi avec ces vers,

Sale tête de Nègre,
Voici ma tête Congolaise

… affichait par anticipation l'exergue d'une quête littéraire à la Congolaise, ainsi que le constateront Arlette et Roger Chemain. La voie d'un réalisme merveilleux était ouverte.

En effet dès les années 60, comme le précise en 1982 Guy Menga dans le numéro 3 de la revue *Culture française*, le Congo se dote donc d'un nombre assez important de troupes qui faute de répertoire national montent, adaptent et jouent des comédies ou des farces signées Molière, Marivaux ou Courteline. Car les auteurs ne prendront en marche le train théâtral ainsi lancé qu'à partir de 1962. Maurice Battambica, Guy Menga, Patrice Joseph Lhoni et Ferdinand Mouangassa seront les premiers à prendre place dans le compartiment réservé aux auteurs alors que dans celui des comédiens voyagent en nombre important les célébrités qui donneront ses premières lettres de noblesse à ce théâtre naissant. Ils s'appellent Élisabeth M'Passi, Pascal Mayenga, Marius Yelolo, Pascal Nzonzi, Victor NT'tua Kanda, pour ne citer que les plus connus sans pour autant oublier les seconds rôles et les figurants tout aussi importants, tant il est vrai que la création théâtrale demeure avant tout une œuvre collective. Les premiers succès remportés par ces comédiens et auteurs qui font figure de pionniers vont susciter un phénomène de création extraordinaire, chez les dramaturges surtout…
Je suis, à l'instar d'autres dramaturges congolais, indéniablement redevable de ces *pionniers* d'un théâtre proposant un nouvel espace commun à bâtir, à travers une relecture dramaturgique de notre histoire.

Enfant, j'étais en quête de héros congolais, d'une mythologie qui me ferait comprendre le monde dans lequel je vivais. Je ne pouvais imaginer que *mon peuple* fut sans histoire, sans réalisations majeures, sans âme et sans projets d'avenir.

Dans l'espace de diverses parcelles de résistance menée par des hommes comme André Matsoua, ou des héroïnes comme Tchimpa Vita, le Congo m'est enfin apparu. Ni les flonflons des fêtes de l'indépendance ni l'école ne me donnaient cette certitude d'avoir une histoire à moi, une histoire qui me liait à un peuple, une culture et un projet de société.

J'ai trouvé dans l'œuvre dramatique de Patrice Joseph Lhoni, tous les questionnements de notre époque. La place du pouvoir dans la Cité, le respect des peuples et de leurs cultures, la probité et le respect des valeurs universelles, le droit des peuples à disposer d'eux-mêmes. La pièce *Liberté*, qui donne la parole à des personnalités historiques et culturelles majeures du XXe siècle est une mise en abyme de l'histoire qui restituait déjà à chaque Congolais sa part d'humanité, obstruée par des siècles d'infamie.

De manière prémonitoire, à travers une analyse et une observation intelligentes, qui n'enlèvent rien à la qualité littéraire, Patrice Joseph Lhoni nous installe dans notre modernité. Cela n'est pas étonnant lorsqu'on sait quel rôle l'auteur a joué dans la mise en place d'une politique culturelle brazzavilloise et par conséquent congolaise.

Si l'œuvre de Patrice Joseph Lhoni annonce la fin d'un monde que l'irruption du colonialisme bouscule et transforme par la force, elle scelle de façon durable une interrogation sur l'avenir et la place des valeurs qui s'installent dans un rapport de force entre l'endogène et l'exogène. Une interrogation qui demeure d'actualité aujourd'hui, portée par une mondialisation galopante.

Caya Makhélé
Écrivain

L'annonce faite à Mukoko ou Mbulu-Mbulu

Drame

Résumé

C'est au milieu d'éclats de rire que commence la scène. Voilà qui traduit bien une vie qui s'écoule paisiblement à l'ombre des dieux protecteurs. Mais vivre, c'est parler ! Quelqu'un raconte une histoire. On dirait celle d'un sage, on dirait celle d'un naïf, qui provoque des explosions de rires. Elle semble être sans rapport avec la pièce : confrontation de deux mondes diamétralement opposés ; deux modes de vie, de pensées, de mentalités, aussi distincts que le jour et la nuit (c'est le cas de le dire), le blanc et le noir…

Mais le monde de Mukoko vit dans l'allégresse éternelle (malgré la maladie et la mort) de simples gens, qu'un peu de nourriture satisfait ; qu'un peu de malafou grise, fait chanter et danser, et fait rire aux éclats, pourvu que… la femme, symbole de la vie, occupe le centre de leur existence !

Ainsi et d'emblée (ou d'entrée de scène), à cause de cette histoire sur les femmes, à cause des histoires qu'elles entraînent, nous voici en plein monde de Mukoko, caractérisé par la palabre. Et qui donc fait plus palabrer au village que la femme ? (1re scène, acte I.)

Muketo, un des villageois au verbe gai, raconte donc, envoûtant ses auditeurs qui se grattent tantôt le mollet, tantôt le ventre, quand ils ne s'essuient pas les larmes (de joie, bien entendu !), satisfaits par l'orateur. Car les bonnes histoires, bien dites, donnent un coup de fouet qui fait vite circuler le sang dans tout le corps, en provoquant des sensations agréables !

Pourtant, Ngantsié, conseiller de Mukoko, ne rit pas cette fois ; il est tout pensif, et pour cause ! Il a en effet, appris, que les hommes-pas-comme-les-autres *vont venir dans le pays. Ngantsié est visiblement intrigué :* s'ils ne sont pas comme nous, *que viennent-ils donc faire ? Mais la nouvelle n'est pas d'abord prise au sérieux par Muketo qui serait curieux de les voir ! Discussion…*

Miéré, le malafoutier, vient, chargé d'une calebasse de vin de palme qui bave le long du col ! Les visages se détendent, car le vin fait oublier les soucis. Alors, Ngantsié de s'écrier : — Ah ! Voici le merveilleux Miéré sans qui notre vie ne serait jamais ce qu'elle est ! Approche mon ami, approche, car ta calebasse renferme en elle un prodige qui fait chanter et danser ! La langue se délie, la parole coule, et le corps se met en mouvement ! *À quoi, Ngulonko répond après avoir bu, une rasade :* Ahaa ! Cela vaut bien mieux que vos histoires *d'homme-pas-comme-nous.*

14

Et l'on boit, et l'on chante, et l'on danse, non sans avoir rendu hommage aux ancêtres, sous la forme de moult libations : buvez ! La terre boit son propre présent, et voilà assurée la prospérité des jours à venir ! Buvez ! La terre qui vous tient ensevelis dans son sein se nourrit de vous, après vous avoir nourris ! Les vivants vivent de la terre, et la terre vit des morts, et voilà le cycle de la vie accompli ! Buvez ! vous nous avez initiés au goût des choses de la terre, dont ce vin de palme qui n'a rien perdu depuis toujours, ni de sa saveur ni de ses effets…

Mais voici qu'à son tour, Muketo prend peur. Il propose que soit consulté Antsion, le féticheur. Ses amis sont d'accord avec lui. Antsion vient, officie, *et confirme la nouvelle (2e scène, acte I.)*

Informé, Mukoko invoque l'esprit des ancêtres, afin de conjurer le mauvais sort dont est menacé le pays. Un sacrifice, un poulet, est offert. Mukoko a confiance et ordonne que, malgré tout, la fête prévue, en l'honneur des morts, ait lieu (3e scène, acte I.)

Au village de Mukoko, s'organise donc la fête traditionnelle, mais elle sera la dernière fête (qui ne sera d'ailleurs pas achevée) car un coup sec de sifflet va changer les choses, et le monde de Mukoko s'arrêtera là : — À présent, *dit le milicien,* tout est fini ! *(1re scène, acte II.)*

15

Personnages

Dans l'ordre d'entrée en scène :

Ngantsié, *conseiller du chef Mukoko*
Muketo, *premier villageois*
Antsion, *féticheur et batteur de tam-tam*
Miéré, *le malafoutier*
Tobila, *fuyard*
Ngulonko, *malheureux mari*
Bira, *deuxième villageois*
Nkué, *femme de Ngulonko*
Mukoko, *le roi*
Onfula, *premier dignitaire*
Ngotala, *deuxième dignitaire*
Mbiéré, *neveu d'Onfula*
Mbiemo, *le milicien*
Un auxiliaire du *commandant*
La cour du chef
Les participants à la fête traditionnelle
Le lecteur du *traité d'occupation* flanqué de deux miliciens

Acte 1

Scène I

Ngantsié. — Muketo, continue ton histoire !

Muketo. — Oui, je disais que neuf querelles sur dix qui se produisent dans le monde, c'est au sujet des femmes. Quand ce n'est pas le mari et sa femme ou ses femmes qui sont en palabre, c'est le mari qui à tort ou à raison, soupçonne des personnes plus ou moins en rapports coupables avec ses belles.

(Rires)

Ou bien ce sont des femmes entre elles qui ne se jalousent les unes les autres, et ce le plus souvent, à propos de rien.

(Rires)

Ainsi, au cours de la dernière lune, ai-je appris qu'au village de Tala, dix sur dix des palabres réglées ont concerné uniquement l'homme et la femme ! C'est plus qu'un record

(Éclats de rire) !

Mais le plus drôle, puisque mon propos vous fait rire, c'est que depuis toujours, la femme nous entraîne dans des histoires. Et depuis que nos sages sanctionnent ces histoires, le climat social est toujours malsain.

(Rires)

Décidément, nous ne connaîtrons jamais de vie paisible avec la femme. Je ne sais pas ce que peut être l'opinion de chacun d'entre nous ici.

Mais pour moi, cet état de choses, au lieu de me faire rire, devrait *(sur un ton chagrin)* me faire pleurer !

Ngulonko. — Je voudrais te poser deux questions.

Muketo. — Oui, lesquelles ?

Ngulonko. — La première est celle-ci : es-tu marié, mon ami ?

Muketo. — Bien sûr ! Tu le sais bien. J'ai même trois femmes et cinq enfants ! Mais pourquoi donc cette question ?

Ngulonko. — Bien. Voici ma deuxième question : quand tu parles de femmes et de leurs histoires, c'est bien entendu, les tiennes y comprises !

Muketo. — Comment ? Mais… mais…
Éclats de rire
– Vous riez ! Il n'y a pas de quoi rire, sa deuxième question est bête, c'est tout. Car j'ai parlé des femmes et des hommes, en général.

Il appuie sur ce dernier mot, en détachant bien les syllabes : en gé-né-ral.

Ngantsié. — Bon, bon, suffis. Tu te plains de ce que les hommes ne passent leur temps qu'à palabrer au sujet des femmes : mais à cause de toi que faisons-nous en ce moment ?

Éclats de rire

Muketo. — Enfin, c'est bien malgré moi. Mais on voit bien que ce sujet sera toujours d'actualité et je pensais que là où deux têtes sont réunies il faut bien qu'elles se racontent quelque histoire !

Ngantsié. — Bien sûr ! mais tu aurais pu choisir un autre thème de conversation, plutôt que celui des femmes, des hommes, des hommes et des femmes. C'est un sujet inépuisable depuis des siècles. Qu'y pouvons-nous ?

Ngulonko. — *(l'interrompt)* Si. Tu te trompes. Nous y pouvons quelque chose !

À condition que les hommes et les femmes soient honnêtes les uns à l'égard des autres. Il faut nous dire que dans cette affaire, nous sommes en tout point semblables aux musaraignes qui se fuient, sous prétexte que les unes sentent plus mauvais que les autres !

Éclats de rire

— Eh oui, voilà ce que les femmes et les hommes, nous sommes ! Pas plus propres les uns que les autres.

Ngantsié. — Alors, changeons de sujet de conversation !

Ngulonko. — Propose-nous un sujet, si tu en as un !

Ngantsié. — Si j'en ai un *(grave)* ! Mais, tout se passe comme si vous n'étiez au courant de rien !

Muketo et Ngulonko *(ainsi que tous les autres villageois étonnés)*. — Aaah !

Ngantsié. — Oui ! Oui ! Car vous y croyez, vous ? À ces histoires qu'on nous raconte maintenant et tous les jours sur l'arrivée prochaine, voire imminente, des *hommes-pas-comme-nous ?*

Muketo. — Des hommes-pas-comme-nous ?

Ngantsié. — Oui, des hommes… oui, pas-comme-nous.

Muketo. — Cela me piquerait de curiosité de les voir.

Ngantsié. — Oh ! la curiosité est bel et bien un vilain défaut parfois. Suppose que ces hommes-là viennent ici, à l'instant même. Ta curiosité serait satisfaite. Bon. Mais si par la suite tu reconnaissais qu'ils ont des manières de vivre ou de penser non conformes aux nôtres, que ferais-tu, après le plaisir des yeux ?

Muketo. — Sans doute. Je crois même et déjà que forcément ils ne doivent pas être comme nous. Alors la différence doit être évidente entre eux et nous. Autrement que nous, ils doivent parler, s'habiller, manger, dormir et… mourir. Leur pays doit être différent du nôtre.

Nous descendons de parents, dont un père et une mère. Mais eux ?

Notre soleil se lève au levant et se couche au couchant. Mais chez eux ?

Chez nous, le jour et la nuit jouent à cache-cache. Et chez eux ?

Ont-ils des femmes comme chez nous, et comment se marient-ils ?

Chez nous, nous croyons aux forces de la nature, et à la toute-puissance des ancêtres. Et chez eux ?

Chez nous, le sens de la communauté prévaut au sein de la société. Mais chez eux ?

Tu vois, ce sont toutes ces questions qui piquent ma curiosité. Mais si, comme tu le dis bien, leur présence devait être gênante pour nous, s'ils devaient faire la loi à notre place, diable des mânes des ancêtres ! Eh, bien ! qu'ils repartent de grés chez eux ou nous leur livrerons la chasse ! Mais là, n'est pas encore la question, et un trait lumineux traverse la mémoire à ce propos et plonge dans le passé et voici ce qu'il éclaire : « on ne connaît bien et l'on ne juge mieux, que celui avec lequel l'on vit ». Ainsi l'occasion serait heureuse de vivre avec ces gens qui ne sont pas comme nous, pour savoir exactement ce qu'ils sont.

Ngantsié. — Te voilà beau parleur ! Ma curiosité ne serait pas moins flattée que la tienne. Mais de là à parler de leur faire la chasse, hum ! Je tiens pour moi que c'est folie. Car de la parole à l'action il n'y a point de commune mesure.

La bouche parle, et même trop, et dit des choses parfois impossibles. La bouche fait de nous tous rarement des pauvres, mais des riches, des fortunés, des heureux. Elle bâtit des maisons, gagne des combats, fait fortune… à l'instant même qu'elle le dit. Ainsi donc, ta curiosité satisfaite, allez ! Ouste ! Passez votre chemin, messieurs-pas-comme-nous ! Et c'est facile mes bons messieurs-pas-comme-nous, s'en iront ! Un trait lumineux traverse aussi ma pensée en ce moment, et il éclaire le point suivant : *ne regrette plus d'être à bord d'une pirogue, une fois au milieu du fleuve.* Eh oui ! C'est sur la rive qu'il faut être prudent, car après, il est trop tard. La curiosité, c'est comme l'envie. Ce second défaut nous fait désirer jusqu'à la lune ! Et quand il nous a poussés à conquérir une belle femme, sans laquelle, croyons-nous, notre existence est morte, ce sont des regrets que nous avons épousés ! Voilà pour ta curiosité. Je ne puis en révéler davantage.

Pour ce qui est des messieurs-pas-comme-nous, si *Nzambi* les a ainsi faits, il a dû leur assigner un milieu pas comme le nôtre. Dès lors, que viendraient-ils faire chez nous ? Là n'est point la question. J'envisage tour à tour le pire et le meilleur. Car, s'ils sont comme nous, pourquoi ne vivraient-ils pas chez nous ? Pourquoi ne mangeraient-ils pas comme nous, et ce que nous mangeons ? Pourquoi ne s'habilleraient-ils pas comme nous ? Bref, pourquoi ne s'adapteraient-ils pas à nos us et coutumes ? Et pourquoi ne s'entendraient-ils pas avec nous ? Mais le tout, c'est de savoir ce qu'ils pensent de nous et ce qu'ils viennent faire.

Nos ancêtres remueraient dans leur tombe si ces Messieurs vivant chez nous devaient transformer nos modes de vie, de pensée, enfin, nos habitudes millénaires, la tradition sacrée, en un mot.

Muketo. — C'est vrai, je commence à voir clair, et je crois que tu es du côté de la raison. À supposer que ces gens nous disent : nous sommes supérieurs à vous ; nous gouvernerons vos terres selon les lois de chez nous ; il vous sera désormais interdit de penser ou de vivre comme vous l'avez fait jusqu'à présent ; vous n'êtes plus libres de vous marier comme vous l'entendez comme et quand vous le voudrez ; il y a des races faites par Dieu pour commander, et d'autres, faites également par le même Dieu, mais pour obéir toujours... et patati et patata ! Alors, ami, s'agissant là des questions qui nous sont fondamentales, je commence à avoir peur.

Miéré (*le malafoutier entre en scène, une calebasse de vin de palme en bandoulière*). — *Mboté !* Salut, mes amis !

Ngantsié. — Ah ! Voici le merveilleux Miéré sans qui notre vie ne serait jamais ce qu'elle est ! Approche, mon ami, approche. *Mboté !* La calebasse ventrue renferme en elle un prodige qui fait chanter et danser ! Je n'invente rien ; je répète la leçon des ancêtres : *le vin fait danser la veuve !*
Nous étions tout à l'heure mes amis et moi, en train de parler d'un sujet vertigineux.
Des hommes-pas-comme-nous, seraient en route vers nos terres.
Et cette question nous a transplantés hors de chez nous ; nous planions dans le vide ; nous faisions des hypothèses, avec des si, des comment, des pourquoi, des quand, etc. Heureusement que tu arrives et que tu nous ramènes à la réalité. Buvons !
Ngantsié se lève pour une libation aux morts.

Ngantsié (*une incantation*). — Mânes des ancêtres tout puissants, gardiens de nos vies terrestres, sans vous nous sommes à jamais perdus ! Autour de nous et partout, nous sentons votre présence.

Nous vous rendons hommage de votre protection, de vos bénédictions sur nos familles, sur tous nos biens. Que je sois maudit si un instant de ma vie je venais à commettre la moindre inattention à votre égard. Buvez !

Il verse quelques gouttes à terre.

– Vous nous avez initiés au goût des choses de la terre, dont ce vin de palme qui n'a rien perdu depuis toujours ni de sa saveur ni de ses effets. C'est ce même vin, ai-je besoin de le redire, qui occupe une place d'honneur dans nos actes publics. Qui veut se marier se présente dans sa future belle-famille avec ce vin. Qui offre un banquet se préoccupe de ce vin, avant tout. Qui honore ses morts fait libation avec ce vin.

Point d'honneur fait aux hôtes sans ce vin. Buvez !

Il verse encore quelques gouttes et les autres l'imitent… Il s'assoit et tout le monde se met à boire.

— Oui, cela vaut bien mieux que vos histoires d'hommes-pas-comme-nous. Buvons et chantons : *Nua nua eee butu nua ma beto, muna nkalu tu nuina mo…*

Muketo (*l'interrompant*). — J'ai peur, j'ai peur. Antsion, le nganga, pourrait peut-être conjurer cet événement, qu'il soit pour nous heureux ou fatal.

Je veux dire que nous devrions nous adresser à lui, et que son savoir nous dise ce qu'il en est, de ces hommes-pas-comme-nous.

Miéré. — Je pense comme Muketo. Antsion est fort. Il est capable de presque tout. S'il n'a, jusqu'à présent, ressuscité des morts, il a guéri des maladies incurables. Il a rendu agréable l'habitation des maisons hantées.

Il n'est déjà passé une fois dans notre village, et depuis, plus de *hu-hu-hu* de hibou, ni de jappement de chacal.

Le mauvais sort semble définitivement avoir élu domicile ailleurs. Pour ce qui est des hommes-pas-comme-nous, nous aurions tort de ne pas le consulter.

Tous à la fois :
— Consultons-le !

– Rideau –

Scène II

Les mêmes personnages en plus d'Antsion, le féticheur.

Ngantsié *(salutations d'usage : Mboté ! Mboté ! Un brin de mampolo)*. — Salut, Antsion ! J'aime à croire que tu te portes bien, ainsi que tous les tiens, et que ton village s'est bien levé ce matin. Eh, bien, parfait.
Antsion acquiesce de la tête

Antsion. — Je n'en remercie pas trop les dieux, et tu me vois, je suis ici à ton appel. Mais qu'y a-t-il donc ?

Ngantsié. — De notre côté, sans trop remercier Nzambi, nous jouissons d'un peu de santé, indépendamment des évènements qui se forgent à l'horizon, et nous réservent, peut-être, des jours maudits. À ce propos nous t'avons demandé de venir afin de nous faire une révélation, en vertu du dicton : Le malade doit conter son mal pour trouver guérisseur. Et c'est vrai. Nous avons aussi appris des ancêtres que le palmier-raphia ne brûlerait pas sans ses fibres, ou l'eau qui fait ploq ! ploq ! trahit quelqu'un qui y marche. Ailleurs, on rappelle : point de feu, point de fumée ! Mais, au fait ! On raconte, on répète, que des hommes-pas-comme-nous, vont envahir nos terres, nos villages, et nos champs. Tu nous diras d'abord ce que doit signifier pour nous l'expression « des hommes-pas-comme-nous ». Tu nous diras après, d'où ils viennent, pourquoi ils viennent, et comment ils sont.

À chaque question, Antsion acquiesce de la tête en guise de oui, j'entends.

Antsion *(déploie son paquet de fétiches. Se maquille. Mpiya en main).* — Hum ! Hum ! Le monde n'est pas fait par nous, il est fait pour nous. Niénié !

Tous les autres répondent en chœur
– Nié !

Antsion. — Pourquoi sommes-nous ici ?
– Pour que tu parles !
– Pourquoi ?
– Pour que tu parles !
– Et si je parle ?
– Parle !
– Niénié !
– Nié.
– Alors je vais parler.
– Parle donc !

– Et si je parle mal ?

– Nous te connaissons !

– Alors je parle. Mais aidez-moi : le monde n'est pas fait par nous, il est fait pour nous.

Tous ensemble. — Le monde n'est pas fait par nous, il est fait pour nous.

Antsion. — La vie n'est pas faite par nous, elle est faite pour nous.

Tous ensemble. — La vie n'est pas faite par nous, elle est faite pour nous.

Antsion. — La vie de tout est sacrée ! N'est-ce pas ?

Tous ensemble. — C'est cela.

Antsion *(une petite chanson à lui [ou en sifflotant, simplement] et grimaçant).* — Hum ! Hum !

Il agite son mpiya. Soudain, il tombe à la renverse. Quelques secondes de silence et il fait une incantation : Appel aux esprits forts. Il se relève et s'écrie :

– Mânes de mes ancêtres tout-puissants ! Par le soleil qui éclaire le jour, par la lune qui illumine la nuit, accordez-moi vos lumières !

C'est étrange… C'est étrange… c'est étrange…

Hum ! Hum ! Hum ! Hum ! Ngantsié ! *(Il poursuit)* Notre pays est… perdu ! *(Il crie ce mot)* Perdu ! Perdu !

L'assistance tremble. Le féticheur mime une danse, chante et fait chanter :

Mayelele wena na ngangu ka se. Mayelele…

Il agite toujours le mpiya. De nouveau à la renverse. Il commande à l'assistance de chanter pour lui. Il se relève.

– C'est étrange… C'est étrange… C'est étrange… C'est étrange… Hum ! Hum ! Hum ! Hum ! Ce que sont ces hommes ?

Tous ensemble. — Oui, ce que sont ces hommes.

– Ce que sont ces hommes ?

Tous ensemble. — Oui, ce que sont ces hommes.

– Ce sont des hommes… Blancs !

Tous ensemble. — Des hommes blancs ?
Silence

Antsion *(un instant après).* — Oui, ils ont la peau blanche, les cheveux lisses ou frisés, bruns, blonds ou soyeux. Ils viendront du côté du grand fleuve salé. Ils sont très, très malins. Ils s'habillent mieux que nous. Ils habitent de grands villages et dans des maisons hautes, spacieuses, aérées, très confortables. Ils dessinent des signes, des symboles sur du papier. Ces symboles correspondent aux mots qu'ils prononcent. Ainsi ils donnent la parole à une simple feuille de papier ! Oh ! Ils sont très très malins. Ils savent comment va le monde. Ce monde est rond comme une orange. Ils en ont mesuré le pourtour. Mais par quel miracle cette boule abandonnée dans le vide, s'y maintient-elle ? Ils connaissent la réponse à cette question. La terre tourne sur elle-même et c'est grâce à cette rotation vertigineuse…, etc.

Oh ! Ils sont très très malins. Ils fabriquent toutes sortes de machines : celles qui roulent, celles qui volent, celles qui pensent ou mieux, celles qui… parlent ! Pire, celles qui tuent ! Progrès par les voies des découvertes et des inventions, voilà la clé de leur bonheur.

Mais le jour n'a pas toujours lui chez eux. Ils ont un passé sombre. Ils ont connu le sous-développement, la misère née de la faim et du dénuement. Ils ont connu les affres des luttes tribales ; les invasions, les dominations ou les exterminations. Même aujourd'hui leur vie n'est pas que tissée de bonheur. Mais ils meurent comme nous… Ce sont des génies tout de même ! Ils ont travaillé à l'amélioration de leur vie, de leur société. Le travail, voilà leur souci, leur devise, le sens de leur vie.

Muketo. — Mais encore ?

Antsion. — Ils sont de bonnes mœurs, grâce à une certaine religion qui s'est développée chez eux, fondée sur l'amour du prochain, bannissant ainsi les stupides inégalités entre hommes, entre sociétés ou entre peuples. Mais un paganisme athée vivace y est entretenu à l'inverse du nôtre, qui souffre la croyance aux forces de la nature, qui reconnaît l'existence d'un Être suprême tout-puissant, et admet la lutte de deux forces antagonistes : l'Esprit du mal et l'Esprit du bien. Appliquée à la lettre, leur religion serait de loin supérieure à nos impératifs moraux traditionnels. Mais le précepte : *aimez-vous les uns et les autres*, restent souvent lettre morte, et en dépit de la prévention *qui se sert de l'épée périra par l'épée*, ils vont au-delà de leurs frontières porter la guerre à des peuples proches ou lointains.

Muketo *(s'exclamant)*. — Viendraient-ils donc chez nous porter la guerre ? Vois bien et… prophétise, Antsion !

Antsion. — Hum ! Cela est un peu difficile. Il y a des intentions si bien camouflées qu'il est dur de les deviner. Il est bien vrai qu'ils viennent s'établir chez nous, mais dans quelles intentions ! Mon savoir ne peut aller plus loin. De toutes les façons, ils prétendront supprimer l'esclavage chez nous, mais en nous imposant paradoxalement un autre plus humiliant, fondé, non sur le degré d'intelligence ou d'instruction, mais sur le fait de la couleur de la peau. Car, selon eux, la couleur noire est signe de malédiction, et ceux qui la portent ne sauraient être leurs égaux.

Ils prétendront ouvrir des écoles, afin de nous élever à leur niveau intellectuel, mais ce sera, dans le fond, pour que nous leur servions d'interprète, que nous puissions comprendre et exécuter leurs ordres.

Ils prétendront créer des centres médicaux sociaux pour nous guérir de nos maladies, mais en réalité, ce sera pour eux le plus sûr moyen d'être à l'abri des contagions.

Au vrai, certains d'entre eux seront foncièrement humains, mais ils constitueront une infime minorité par rapport aux foncièrement mauvais. Ils seront, du reste, victimes de leur humanité, et passeront pour des traîtres !

Muketo & Ngantsié *(les yeux dans les yeux).* — Nous sommes perdus ! Nous sommes perdus.

Antsion. — Peut-être pas. De toutes les façons, laissez-moi encore du temps pour consulter les esprits forts et nous en reparlerons d'ici une lune au plus tard. Pour le moment, rien n'est encore à craindre. Peut-être que le sort pourra être conjuré, avec l'aide de l'esprit des mânes des ancêtres.

Incantation
— Mânes des ancêtres, esprits puissants qui ont le don de commander, au tonnerre, à l'ouragan,

aux eaux des pluies ; vous qui combattez victorieusement, des puissances maléfiques d'où qu'elles viennent, quelles qu'elles soient, venez-nous en aide !

En chœur :

Nsusu yi kuba ka ga yena menga ko, Kokodiako

— Rideau —

Scène III

Chez Mukoko (décor royal et costumes royaux), la Cour. Les habitants de Nkuna vont apporter la terrifiante nouvelle au Chef. Salutations respectueuses. Mukoko les invite du geste à s'asseoir, en 2 demi-cercles, de part et d'autre du roi.

Ngantsié *(se lève et dit).* — Puissent les mânes des ancêtres protéger tes jours, majesté ! Quant à notre respect et notre soumission, ils te sont acquis, et c'est à jamais ! Mais voici que l'inquiétude nous étreint. Au fait, nous venons informer Sa Majesté des désordres catastrophiques qui nous menacent. Il se prépare à l'horizon un gros orage, selon la bouche d'Antsion, le féticheur qui voit et entend ce que le commun des mortels ne peut ni voir ni entendre.

Sa Majesté n'aurait-elle pas ouï dire que des hommes-pas-comme-nous, sont en route vers son royaume ? Antsion vient de confirmer, grâce à sa puissance occulte, ce qui, il y a quelque temps, n'était qu'une simple rumeur.

Il s'agit d'hommes… blancs, Majesté ! Très, très, très malins *(ce sont les propres mots d'Antsion)* ; oui, Majesté, des hommes blancs, très malins, capables de tout, comme d'inventer des machines de tous genres, celles qui roulent, celles qui volent, celles qui nagent, celles qui pensent, celles qui parlent, celles qui tuent !

Mukoko écoute attentivement

— Ces hommes-là viendront du côté du grand fleuve salé ! Ils viennent, mais nous ne savons pourquoi. Voilà Majesté, le motif de notre visite.

Mukoko *(à Antsion).* — Si ce que vient de dire Ngantsié se révélait exact, il ne fait l'ombre d'aucun doute, que ce serait du jamais vu et que nous verrions bientôt le soleil se lever du côté du Couchant et se coucher au Levant !

S'adressant au nganga.

— L'arrivée de ces gens-pas-comme-nous, serait-elle possible ?

Antsion. — Je ne prétendrai jamais être infaillible, Majesté, et je n'inventerai rien qui ne me vienne de la lumière de l'esprit de mon grand ancêtre. Consulté sur la demande de mes amis que voici, le grand esprit m'a en effet appris que des hommes à la peau blanche sont en marche vers nos terres.

Mukoko. — Dans quelle intention ? Simple goût de l'aventure ou désir de conquête et de domination ?

Antsion. — Je ne puis me permettre de mentir

à Sa Majesté. Sur cette question, le grand esprit ne m'a rien appris.

Mukoko (*s'adressant à tous*). — Quel est le sentiment de chacun de vous, à l'annonce de cette nouvelle insolite ?

Ngantsié. — Avant de nous rendre devant Votre Majesté, nous avons discuté autour de ce triste sujet. Mon ami Muketo, lui, serait curieux de voir des êtres humains à peau blanche, ce en quoi je ne partage pas son point de vue.

Car pour moi, à la seule pensée que ces gens-là se mettent dans l'idée de venir chez nous, c'est suspect. Et puis, des hommes tout blancs, ça ne s'est jamais vu, de mémoire de nos aïeux !

Muketo. — Me pardonne Sa Majesté si ma tête a cédé le pas à mes yeux. Au fond, je me suis mal expliqué. Pour moi, il s'agirait de savoir si tout blanc qu'ils soient, ces hommes-là ne vivraient pas comme nous, ils ne penseraient pas et n'agiraient pas comme nous. Mais réflexion faite, et du fait qu'il s'agit d'hommes blancs, j'ai dû me ranger du côté de Ngantsié.

Car s'ils sont blancs et que nous sommes noirs, ils ne doivent pas être comme nous ; ils doivent avoir des habitudes différentes des nôtres. Et puis, j'ai ajouté que nous leur livrerions la chasse s'ils venaient pour notre malheur !

Mukoko. — Cette dernière réflexion relève de la pure illusion. Si je devais croire aux dires d'Antsion, les hommes en question fabriqueraient jusqu'aux armes qui tuent. Bien sûr, nous en avons aussi qui tuent.

Le Coup de tête peut tuer ; le coup de poing peut tuer ; le coup de pied peut tuer. Mais ce sont là des moyens d'autodéfense dont est doté chaque être en naissant. Par contre, nous savons forger des machettes ou des coupe-coupe qui amputent ou décapitent. Le coup de sagaie n'est-il pas mortel ? Et nous connaissons mille recettes occultes que nous savons déceler dans la nature : le poison, l'envoûtement, préparés aux rites appropriés, tuent.

Le maléfice, mis en branle par des formules incantatoires, agit-il ou n'agit-il pas ? Nous pouvons aussi tuer avec un coup d'œil, un simple coup d'œil ! Notre langue est aussi une arme puissante : il suffit de proférer une menace accompagnée d'un jet de salive et ça y est ! On fait une victime !

Nos morts ne ressuscitent-ils pas sur simple invocation ? Au besoin et en désespoir de cause, pourquoi nos légions de sorciers ne seraient-elles pas lancées aux trousses de ces hommes imaginaires ? Mais je m'abandonne à un inventaire stupide ! Car il s'agirait plutôt de connaître la nature de leurs armes à eux.

Si elles sont plus perfectionnées, plus fortes et

plus efficaces que les nôtres, ce serait opposer l'œuf à la pierre en parlant de leur livrer la chasse !

Mais, quoi qu'il en soit, il y a une arme, une arme plus forte entre toutes : le courage, ce don de l'obstination ou de l'entêtement qui en d'autres temps, cesse d'être un vice pour devenir une vertu.

Il ne sera jamais donné aux poltrons de triompher. Ce pays est nôtre par la grâce des dieux. S'il nous fallait le perdre, si tel devait être son destin, nous n'aurions plus de raison de vivre.

La situation est… grave, exceptionnelle. Que chacun de vous se retire. Je désire rester seul et me livrer à la méditation et à l'invocation. Je demande à chacun de vous d'en faire autant. Nous verrons par la suite, c'est-à-dire après la fête, le chemin à suivre.

Tous se retirent.

Mukoko *(seul, mi-pensif, mi-rêveur).* — Oui, triste nouvelle, en vérité, si elle devait être vraie !

Oui ! Il est des circonstances qui mettent le chef dans l'embarras. Ainsi, face à cette nouvelle insolite, je dois décider. Mais ma volonté seule ne suffira pas.

Je dois, avant tout, compter sur les sentiments de mon peuple sur cette maudite histoire des messieurs-pas-comme-nous, en route vers nos terres. Mais dans quelles intentions ?

La question est encore plus troublante que la couleur de leur peau. Quel degré d'orgueil et de fierté de soi-même possède mon peuple ? Jusqu'ici, une telle question ne pouvait me venir en tête tant que mon royaume n'intéressait pas les peuples d'au-delà, les frontières.

Mais voici qu'on me parle de son invasion par des hommes-pas-comme-nous, des blancs, par-dessus le marché ! Faut-il les laisser pénétrer dans nos terres, faut-il les refouler ? Le serment de fidélité à la sauvegarde du royaume ne me permet pas d'hésiter un seul instant quant à l'attitude à prendre en face des envahisseurs : ils ne peuvent être chez eux, ici ! Oui, voilà qui est décidé.

Mais cela ne suffit pas. S'ils s'imposent de force, il me faudra leur opposer la force. Tant mieux si je suis le plus fort et que je l'emporte. Dans le cas contraire... Non jamais, jamais !

Il fait une incantation.

— Forces ancestrales invincibles de qui nous tenons et conservons notre pouvoir, permettriez-vous que notre pays, votre pays de toujours, soit déshonoré ? Permettrez-vous que des traditions millénaires soient bafouées et éparpillées au vent de l'aventure ? Aujourd'hui, plus que jamais, nous implorons votre toute-puissance. Conjurez ! Conjurez le mauvais sort ! Le fantôme blanc se profile à l'horizon et se croit déjà maître de nous ; de quelle force disposons-nous pour l'empêcher de nous envahir ? Est-il besoin de vous dire que les temps nouveaux qui s'annoncent ne manqueront pas de disloquer tout le système ancien, par la destruction totale de nos mœurs, de notre conception de la société, de nos principes philosophiques, de notre sentiment religieux ? Vivant au pays de la lumière, vous voyez mieux que nous la gravité de notre danger. Agissez ! Agissez !

Mukoko appelle son conseiller Ngantsié.

— Ngantsié !

Ngantsié se présente.

Mukoko *(assis)*. — Qu'on m'apporte le poulet du sacrifice !

On apporte le poulet.

— L'innocente volaille que voici est offerte en holocauste aux mânes des ancêtres pour le salut de mon peuple.

Il décapite le poulet dont il répand le sang à terre.

— Rien n'est plus précieux que le sang. Personne, pas plus que ceux qui viennent en conquérants, ne peut en connaître le prix. Nous le répandons ici en l'honneur de nos morts et pour notre salut !

S'adressant à son conseiller.

— Et maintenant, il nous reste à guetter les signes avant-coureurs ou de notre perte, ou de la bénédiction ancestrale.

S'adressant à Ngantsié.

– En attendant, va à tous les carrefours annoncer que demain doit gronder le tam-tam de la fête !

– Rideau –

45

Acte II

Scène I

Une fête traditionnelle s'organise au village de Mukoko qui reçoit les cadeaux-ristourne de la part de ses amis et de ses beaux-parents. Après le cérémonial d'usage de la bienvenue aux invités, sous la forme d'un discours de circonstance, les tam-tams battent le plein, la foule danse, puis les miliciens surgissent : adieu la fête !

Mukoko *(avec dignité)*. — Mes amis, ainsi donc le grand jour s'est levé pour le plus grand honneur des ancêtres : le village est en fête, en souvenir de tous nos morts grands et petits ! Et je me félicite d'autant plus, c'est de cette circonstance que des parents, des amis et des sympathisants sont venus de tous côtés, m'apporter leurs témoignages d'affection. C'est comme il se doit, et selon les règles sacrées de la tradition : l'assistance réciproque en pareilles occasions de ceux qui se disent très chers.

Pendant les trois jours que la fête battra son plein, notre village vous appartient.

Ovations.

— Je sais que votre présence ici se situe à des degrés divers : il y a, en premier, les obligations familiales qui ont voulu que vous veniez ; ensuite, des liens d'une amitié solide ont contraint beaucoup d'entre vous à prendre effectivement part à notre manifestation ; il y a enfin des sympathisants dont la présence ici aura été l'occasion des amitiés futures et fécondes...

Bref, d'une manière ou d'une autre, aux uns et aux autres, je sais gré de l'éclat particulier dont vous honorez notre fête. Soyez donc, les bienvenus !

Ovations.

La cérémonie des dons suit. Les hôtes de marque sont annoncés par Ngantsié au fur et à mesure qu'ils se présentent.

Ngantsié. — Ngontala de Kintélé !

Ngotala *(il avance dignement et salue)*. — Majesté !

Mukoko. — Sans façon !

Ngotala. — Je ne pouvais ne pas venir quand c'est toi qui donnes la fête : un trop long passé, une trop longue amitié nous lient, et un destin commun nous a été trop souvent réservé, pour ne pas me sentir obligé. Tes joies comme tes malheurs ont toujours été les miens. Et vice-versa. Ce sont là, il est vrai, des paroles inutiles que je prononce, car ma présence est plus éloquente. Je sais d'autre part que tu n'as nullement besoin de tant de discours pour croire à la sincérité de notre vieille amitié. Je me devais donc de venir, tout comme il y a quelques lunes, tu es venu chez nous, à la même occasion… Pour ta fête, voici ce que je t'apporte *(il sort son présent en monnaie locale)* : 1, 2, 3, 4, 5 et 6 cauris. J'aurais pu t'amener davantage, mais le pauvre se mordra toujours le doigt, car il ne lui sera jamais donné de se satisfaire ou de satisfaire pleinement !

Mukoko. — Mon ami Ngontala, que dis-tu, c'est beaucoup ce que tu m'apportes là, car le bras ne donne qu'à la mesure de ses possibilités, n'est-ce pas ! Merci beaucoup !
Un deuxième hôte s'avance.

Ngantsié. — Onfula de Nsiéma !

Mbieri. — Majesté

Mukoko. — Sans façon !

Mbieri. — Je viens de la part de mon oncle Onfula qui ne peut personnellement honorer ta fête de sa présence. Il est arrivé au point de mal supporter le poids des ans. Aussi te prie-t-il d'excuser son absence. Mais il a pensé qu'en ma qualité de neveu, je pouvais valablement le représenter. Il te salue ainsi que tous les tiens, et te souhaite une santé bonne, et une bonne fête !

Mukoko *(il acquiesce de la tête et dit tout attendri).* — Ah ! Le brave ami ! Je le reconnais en cela…

Mbieri. — Voici ce qu'il m'a donné à te remettre : 3 cauris en retour, que tu lui apportas lors de sa fête, la saison dernière. Voici 3 autres cauris qu'il t'ajoute au titre de la circonstance présente.

Mukoko. — Cher neveu de mon ami Onfula, merci beaucoup à toi. Veuille bien retransmettre toute mon amitié à ton vénérable oncle. (Il ajoute) N'oublie pas que je suis tout fier d'être son vieil ami, depuis l'enfance, et que je n'ai que tout lieu de me flatter de nos bons rapports. Quant à sa vieillesse, elle porte en elle-même toutes les excuses, considérée, qu'elle nous frappera tous un jour ou l'autre. Encore un coup, merci beaucoup !

Les offrandes terminées, Mukoko déclare :

— Et maintenant, libre cours à la fête !

Entrée des danseurs et batteurs de tam-tams

— L'heure est solennelle ! Nous allons danser à la gloire de tous nos morts, grands et petits !

Hourra !

Mais au moment où Mukoko entre en danse, voici qu'arrivent les miliciens !

– Rideau –

Scène II

Les mêmes acteurs qu'à la scène précédente, les miliciens en plus.

Mbiemo *(le Chef des miliciens)*. — Ah ! Ah ! Vous voilà à vous réjouir et à vous trémousser ! Vous vous croyez à l'abri de tout ! Bande de sauvages et de fainéants ! Et votre village est sale ! Mais moi, je vous dis que j'ai faim et soif, et il faut tout de suite m'attraper la plus jolie fille du coin ! Mais…

Il se met à frapper les gens.

— Est-ce que vous m'entendez, espèce de croûtes ? Apportez donc à manger et à boire, et vite !

Il avise Antsion, et le bat copieusement…

On apporte à manger et à boire. Mbiemo s'installe tant bien que mal sur une vieille caisse en bois, mange et boit avec voracité, interrompant son repas de temps en temps pour distribuer des coups de fouet ! Le repas terminé, il se met à se pavaner, tout fier de lui… Puis :

— Vous êtes des salopards, des vauriens, des macaques et des indigènes, voilà ! Mais est-ce que vous me comprenez ?

Les villageois lui répondent de la tête.

53

– Ouais ! Bon. Voici, enfin, ce qui m'a conduit dans votre village, mais c'est sur ordre du Chef blanc, le commandant.

Il tape à plaisir !

– Entendez-vous ? Sur ordre du commandant blanc ! Ah ! Ah ! Mais ici, vous dormez ! Vous êtes dans l'ombre ! Vous ne savez rien de ce qui se passe en ce moment ! Or ça, vous allez vous réveiller maintenant, mes petits amis ! hein ?

Il tape.

– Vous allez désormais suivre le cours des évènements, et vous mettre au pas, hein !

Il tape.

– Car, oui, il y a des changements, maintenant ! À présent, tout est fini ! Il n'y a plus ni grands ni petits ! Il n'y a plus de fétiches ! Il n'y a plus ni ceci ni cela ! Je le répète : tout est fini ! Il n'y a plus qu'un seul Chef, le seul ! Il s'appelle le commandant blanc ! Oui, Blanc ! Compris ?

Il tape.

– Voilà pourquoi vous me devrez, comme à lui, beaucoup de respect !

Il tape.

– Je suis un peu comme lui. Quand il commande, c'est moi qui commande ; quand je commande, c'est lui qui commande ! Compris ?

Il tape.

– Quand le commandant a faim et soif, c'est moi qui mange et bois !

Il se rappelle à ce moment le repas et le vin de tout à l'heure ; il va voir le récipient où on lui a servi le repas, et la calebasse de vin : tout est vide ! Alors, pris de colère, il casse tout, et s'en prend de plus belle aux villageois, et leur passe la corde au cou, hommes, femmes, enfants et vieillards !

— Je m'en vais vous apprendre à vous moquer du milicien que je suis !

Il tabasse.

— Je vous gratifie d'un traitement, pas trop indigne de vous !

Il passe la corde au cou, au fur et à mesure qu'il parle :

— De cette façon, vous êtes à ma portée et… à ma merci ! Vous êtes désormais comme des poulets que nous pouvons prendre, le commandant blanc et moi, de jour ou de nuit ! Offrez vos cous, sans la moindre résistance, je vous préviens !

Arrivé devant Nkué, il l'épargne.

— Femme, tu es trop joliment belle pour ce genre de traitement ! Dis-moi ton nom !

Silence de la femme et les yeux baissés.

— Parle ! Tu ne veux pas ? Hélas ! Le milicien que je suis est, avant tout, un homme, et un homme est, avant tout, un cœur ! Même le cœur d'un milicien est sensible aux attraits d'une femme, d'une femme comme toi ! Bénis soient les dieux qui t'ont façonnée si jolie, si belle, si charmante ! Et… Je ne peux qu'être jaloux de ton imbécile de mari ! Car, dans mon village, je n'ai jamais rencontré de beauté aussi rare ! Viens ma gazelle, viens !

Il l'attire brutalement vers lui tandis que Nkué offre quelque résistance.

Ngulonko *(le mari de Nkué, réagissant fort)*. — C'est ma femme ! C'est ma femme !

Mbiemo *(indigné, coléreux)*. — Hein ? Qui ose parler ?

Ngulonko. — C'est ma femme, te dis-je !

Mbiemo. — Hein ? Qu'est-ce que c'est ?

Ngulonko. — C'est ma femme, n'y touche pas !

Mbiemo *(fondant sur Ngulonko qu'il malmène)*. — Tu vas te taire, oui ! Tais-toi !

Ngulonko. — Milicien prend garde ! Fais de nous tout ce que bon te semble : malmène-nous, tue-nous si tu veux, mais de ma femme…

Le pauvre Ngulonko n'a pas le temps d'achever, les claques se succèdent !

Mbiemo. — Pas possible, ça ! Oh ! Mes oreilles, qu'entendez-vous là ? Oh ! mes yeux, que voyez-vous là ? Ah ! Ça ! Mais sapristi !

Tout le monde tremble ; le milicien offensé se met furieusement à taper tout le monde, tandis que Nkué tremble de tout son corps… Le milicien à Nkué :

– Oui, c'est moi qu'il te faut comme mari ! Femme, cet homme ne peut être ton mari !

Nkué acquiesce de la tête

– Oui, un voleur, une crapule, un voyou, un va-nu-pieds de son acabit !

Nkué répond de la tête

– Oui, c'est moi qu'il te faut ! Regarde !

Il bombe la poitrine, et fait une pirouette

– Et puis, je suis milicien ! J'ai tout dit.

Il tapote la joue de la femme, mais Ngulonko s'écrie.

Ngulonko. — Fiche la paix à ma femme ! Sinon…

Mbiemo. — Bon. Es-tu têtu, et veux-tu faire le brave et le fort ? Je vais t'arranger, et tu vas voir qu'on ne tient pas tête impunément au milicien !

– Bon, ça va. Marchande-la-moi maintenant, ta belle !

Il prend Nkué par la taille, l'admire en promenant ses yeux sur tout son corps. Ngulonko geint. Le milicien va danser avec la femme ; il demande :

– Où est donc le batteur de tam-tam ?

Silence

– Le batteur de tam-tam ?

Il tape avec rage

— Où est le batteur de tam-tam, dis-je ?

Le batteur lève le doigt, mais c'est pour faire moisson de gifles !

— Bon, ça va. Fais de la musique, mais de la bonne musique, j'entends ! Compris ?

Il tape encore le batteur

— Et vite !

Le tam-tam bat, mais le milicien danse maladroitement, malmenant Nkué qui ne peut suivre ses mouvements brusques, sans élégance !

— Bon, ça va. Je suis content !

Il nargue Ngulonko, lui crache au visage ! Il va encore parler aux villageois Nkué à ses côtés. Il tonne :

— Gare et malheur à vous, si vous osez me tenir tête ! Ce serait bête et inutile ! Ce serait agir contre vous-même ! Et pour votre propre malheur ! Je suis plus fort que vous tous ici !

Il feint de tirer dans la foule avec son fusil. Panique

— Parce que je m'appelle mi-li-cien ! Mais, savez-vous, au juste, ce qu'est un milicien ? Il faut que je vous le dise, il faut que vous le sachiez, pour me rendre tous les honneurs dus à mon rang, à ma singularité et à mon rôle particulier ! Sachez tout d'abord, qu'un milicien n'est pas homme à blagues, et qu'après le commandant blanc, c'est lui le n°2 des personnages du territoire du district. Plus exactement, le milicien est le 1 bis, c'est-à-dire le pair ou, si vous aimez mieux, l'égal du commandant ! Mieux encore : son support !

Apprenez ensuite ce qui suit : il y a quelqu'un, au poste, qui jouit de toute la confiance du commandant : c'est le milicien !

Mais encore ? Une mission doit-elle être accomplie, un ordre péremptoire doit-il être exécuté de la part du commandant blanc ? L'omniprésence du milicien ne permet à personne d'autre d'agir au nom du commandant, avec efficacité ! Seul le milicien est donc tout indiqué, vu qu'il est tout entier voué au service de son maître blanc !

Qui plus est, le milicien est l'homme à tout faire ou en d'autres termes, le factotum du commandant blanc !

Pour comble de satisfaction de son chef blanc, le milicien dispose, à l'actif de son dévouement rien que des résultats positifs ! Les preuves abondent et tenez-vous bien !

C'est grâce au milicien que les impôts sont régulièrement payés ! Par qui les prisonniers, dans leurs geôles, sont-ils matés ? Et s'ils s'amendent et tiennent tant en horreur la prison, la désobéissance au commandant, c'est grâce au milicien ! Car les corrections du milicien ne demeurent pas sans effet ! Le milicien, c'est le courage même incarné, car c'est le milicien qui, plus et mieux que quiconque, fait régner la terreur panique dans les villages ! Le milicien vient, tout le monde obéit, et, aidé de la trique, fait marcher tout le monde au pas ! Il n'y a plus de vol, il n'y a plus de palabres, il n'y a plus de mensonges, bref, s'il y a partout de l'ordre dans le pays, le mérite et l'honneur en reviennent exclusivement au milicien !

Voici, enfin, le milicien dans l'apothéose de sa mission : qui donc aura assez d'audace pour s'approcher de la résidence du commandant sous bonne garde du milicien ? Et le commandant s'en remet à la toute-puissance agissante du milicien ! Car on n'obéit pas au commandant, c'est au milicien qui est craint ! Le commandant ne vous emprisonne pas. C'est le milicien qui vous met en prison ! Bref, le commandant ne serait que le commandant, sans le milicien !

Et maintenant que je vous ai dit toutes ces choses, vous savez désormais à qui vous avez à faire ! Bon, ça va. Maintenant, écoutez-moi bien :

Primo : Au début de chaque Lune, vous apporterez toute la ponte de vos poulets au Chef du district, c'est-à-dire à monsieur le commandant Blanc ! Mais, attention ! vous ferez deux parts, mais pas égales : la plus grosse sera pour moi, l'ami du commandant blanc, m'entendez-vous ?

On lui répond de la tête.

— Bon, ça va.

Secundo : Au début de chaque Lune, et tour à tour, les quartiers de votre village devront acheter 1 cabri, 1 mouton, 1 porc, 5 poules, 5 coqs, et le reste, pour l'honneur du commandant blanc et de moi-même. Mais la règle d'or reste toujours la même : toujours, deux parts inégales et vous saurez toujours à qui doit revenir la plus grosse ! M'entendez -vous ?

Il tape.

– Bon, ça va.

Tertio : Quatre fois par Lune, vous vous rendrez au poste du district y tenir un marché. Apportez tous vos produits agricoles, toute votre volaille, et tout votre bétail gros et petit. Mais attention ! Vous réfléchirez bien sur vos prix de vente, car le commandant blanc et tous ses camarades doivent tout acheter moins cher ! Compris ?

On lui répond de la tête.

– Bon, ça va.

Quarto : Le chef de village…, mais où est-il ? Ah ! C'est toi ! Pourquoi ne t'es-tu pas présenté, au lieu de te cacher ?

Il tape.

– Vilain ! Oui, le chef de village, devra recenser toutes les belles de son village, oui, les bel-les femmes, *(œillade à Nkué)* pour aller séjourner au poste du district quatre fois par Lune. Elles y seront à ma disposition ; c'est le commandant blanc qui le veut ! Compris ?

On lui répond de la tête.

– Bon, ça va.

Quinto : Durant toute la saison des pluies,

vous entretiendrez en parfait état toutes les pistes menant au poste du commandant blanc.

Sexto : Cela ne suffit pas. Il vous faudra faire tous les ponts. Mais gare à vous, si ces ponts ne sont pas solides ! Car il vous faut éviter de faire tomber le commandant blanc dans vos sales marigots ! Compris ?

On lui répond de la tête.

— Bon, ça va.

Septimo : Vous recruterez des tipoyeurs qui porteront le commandant blanc, car le commandant ne va jamais à pied ! Compris ?

On lui répond de la tête.

— Bon, ça va.

Octavo : Tous les services demandés par le commandant blanc, et rendus sans délai ni tergiversation, sont bénévoles. Toute revendication, sous forme de salaire ou de matabiche, sera punie d'emprisonnement ! Compris ?

On lui répond de la tête.

— Bon, ça va.

Nono : Le commandant doit être obéi au doigt et à l'œil ! Pour les récalcitrants : la chicote et la prison feront l'affaire et, pour vous le prouver, je vous donne un avant-goût à tâter de la trique !

Il distribue, sans les compter, des coups de fouet.

— Bon, ça va.

Decimo : Vous devez savoir parler la langue du commandant blanc : elle seule est expressive. Vous devez savoir penser et agir comme le commandant blanc : ses manières sont seules valables ; pour cela plus de vos cris sauvages nocturnes, de vos vilaines chansons, de vos danses ridicules, de vos grossiers tam-tam ! Plus de bruits autour de vos morts. Quand ils sont morts, ils sont morts ! C'est fini, on n'en parle plus.

Désormais, le commandant blanc seul compte plus moi-même ! Compris ?

Il tape.

– Bon, ça va.

Il fait charger malles et caisses sur la tête des villageois, et…

– En avant, marche ! Une, deux ! Une, deux ! Une, deux ! Au poste du chef blanc, vous allez voir ce que vous allez voir ! Vous tremblerez de toutes vos carcasses ! Une, deux ! Une, deux ! Une, deux !

Tandis que les villageois s'éloignent, ils chantent.

Nghe ni nghe e e/Nghe ni nghe/Ni nghe ku mbonghisa

Bu wa n'duatila mpu ya buaka/Ni nghe ku mbonghisa !

– Rideau –

Scène III

Soliloque et imprécations de Tobila, le rescapé.

Tobila. — Le village est désert, mort ! Ils sont tous partis ! Peste soit du commandant blanc et de son imbécile d'émissaire, le traître !
Tobila se livre à des imprécations, et la chanson des villageois en route pour le poste du Chef blanc lui sert de thème

> Oui, toi, à cause de toi
> Nous aurons toujours des malheurs !
> Tu t'es coiffé d'un chapeau rouge
> Pour nos malheurs !
> Oui, toi, à cause de toi
> Toi et ton chapeau rouge,
> Fini les tam-tams,
> Fini le bonheur enivrant
> Des jours qu'on coule
> À l'ombre de l'arbre ancestral !
> Ton chapeau couleur de sang
> N'est que porte-malheur !
> Toi et ton chapeau rouge,
> Ton chapeau rouge et toi !
> Vous marquez de traces de sang
> Vos passages dans nos villages !

À cause de toi,
À cause de ton chapeau rouge,
Nos yeux ont vu rouge,
Nos corps ont eu chaud !
Vos sinistres silhouettes
Aux entrées des villages,
Toi et ton chapeau rouge,
Ton chapeau rouge et toi
Ont fait déserter nos foyers,
Chassé le rire et la chanson !
À vous deux,
Plus la corde et la matraque,
Quelle force terrifiante,
Toi et ton chapeau rouge
Ton chapeau rouge et toi !
Qui ne devient pas muet,
Qui n'est pas pris de vertige,
Qui ne sent pas son cœur
Battre la chamade,
À votre approche,
Ton chapeau rouge et toi,
Toi et ton chapeau rouge ?
Mais lorsque toi et ton chapeau rouge,
Ton chapeau rouge et toi,
Attrapez le malheureux,
Ayi ! Dzinn ! Vlan !
Des rayons dardent !
Et quelles étoiles ! Et quels feux !
Le commandant, votre Seigneur et maître
Satisfait,

Vous décore,
Toi et ton chapeau rouge,
Ton chapeau rouge et toi,
Causes de nos malheurs !

Mais tout cela n'est rien, et passera bien un jour. Alors, nous verrons bien qui, du commandant avec son valet de milicien, ou de nous, aura le dernier mot !

– Rideau –

Scène IV

Elle se passe au poste du chef de district, devant sa résidence. Les indigènes échangent des réflexions qui s'interrompent à chaque apparition du milicien commis à leur garde.

Muketo. — Oh ! Lala ! Qu'est-ce que c'est pour des histoires ? Et où nous mèneront-elles ?

Antsion. — Voici venus les temps des combats chauds et inégaux : la force contre l'impuissance, l'ombre contre la lumière, l'injustice contre le droit, l'usurpation contre la propriété et, c'est le cas de le dire, le blanc contre le noir !

Muketo. — Mais je voudrais savoir une chose. Cet homme est intraitable. À aucun moment, il n'a fait preuve de sentiment, et le fait pour lui d'être milicien l'a dénaturé au point de malmener ses frères de race ! Il parle et agit au nom de son chef blanc, avec une rigueur désarmante. S'il me faut juger son commandant à travers lui, il n'y a pas l'ombre d'un doute, son chef blanc doit être un mauvais tyran ! Alors mes amis, il y a de quoi craindre pour notre sort immédiatement.

Et sur cet ordre d'idées, j'envie le sort de nos parents qui ont vécu sans avoir eu à connaître des moments pareils. Que faire ?

Ngantsié. — Si tout le monde était ou pensait comme toi, il n'y aurait qu'une seule chose à faire : puisque de toutes les manières il nous faut mourir (et quand je dis mourir, j'entends par là notre anéantissement total, c'est-à-dire physique et socioculturel), nous n'avons pas d'autre choix que de tenir tête à ce commandant, en commençant par faire disparaître son émissaire de milicien !

Bira. — Oh ! Lala ! Non ! Non ! Jamais ! Jamais ! Ce serait précipiter notre propre mort ! Au moindre geste réactionnaire de notre part, au moindre mot contradictoire, nous signerions l'acte de condamnation à mort de nos propres enfants !

Ngantsié. — Ce langage serait aussi le mien, mais la peur est dans tous les esprits, et nous ne connaîtrions de paix véritable, en ces temps troubles, qu'en nous guérissant de cette peur.

Mukoko. — Tous ces discours m'agacent, parce qu'ils sont dignes des enfants. Nous sommes chez nous, et nous le dirons et le répéterons à qui voudra l'entendre. J'ai, autrefois, parlé d'une arme plus forte que toutes les autres, pour nous affranchir d'une situation qui se crée à notre détriment. Cette arme, je l'ai appelée courage ou si vous préférez : obstination.

S'il n'est pas de héros dans nos rangs, adoptons au moins une attitude qui fait grandir nos enfants dans l'espoir. Nous aurons ainsi créé un climat favorable à leur libération. Le reste est un secret des dieux…

Sur ce arrive un fonctionnaire du poste, avec une feuille de papier à la main :

Le fonctionnaire. — Le chef blanc ne peut vous recevoir. Je suis chargé par lui de vous lire la déclaration que voici :

Il agite le papier.

TRAITÉ D'OCCUPATION

Le présent traité dispose :

Le chef de la Colonie d'exploitation des *terra incognita* d'outre-les-océans, d'une part ;

Vu l'agrément des chefs dits coutumiers desdites terres, d'autre part ;

Compte tenu des fléaux sociaux ravageant ces immenses pays déshérités, et en vertu des obligations humanitaires qui sont et demeurent exclusivement les nôtres ;

En vertu de notre supériorité sur tous les êtres humains qui peuplent l'univers ;

Vu notre conception de l'organisation des

sociétés humaines au sein desquelles le droit ne doit pas nécessairement primer la force (je répète : vu notre…)

Attendu que notre occupation sera indirectement bénéfique aux allogènes, cela allant de soi ;

Conscient de notre suprématie sur ceux qui n'ont inventé ni l'imprimerie ni la poudre à canon ;

Article 1er : À compter du jour de notre pénétration sur ces terres, le bon sens et le droit naturel veulent qu'elles nous appartiennent.

Article 2 : Nous les administrerons conformément aux méthodes de chez nous, à la place des aborigènes qui, de facto, cessent de s'appartenir, et tombent sous le coup de notre sujétion.

Article 3 : Il y a des principes sacrés de chez nous, que nous entendons mettre en pratique ici, au lieu des usages traditionnels locaux que nous décrétons caducs, et ce, à compter de ce jour même.

Article 4 : La chicote et la prison seront employées comme meilleurs moyens d'efficacité dans l'application rigoureuse de notre politique de domination.

Article 5 : La condition des indigènes sera réglée avec une précision qui ne laissera aucune place à l'équivoque.

Article 6 : Ceux des indigènes qui viendraient

à renoncer à leurs coutumes ancestrales, pour penser, agir, manger, s'habiller et parler comme nous (cela est très important et constitue une condition sine qua non) cesseraient, à coup sûr, d'être sujets ; ils seraient alors, mais alors seulement, proclamés citoyens de notre Patrie qui deviendrait leur Mère Patrie.

Article 7 : Notre présence devant inéluctablement provoquer un mouvement généralisé d'exode au détriment de la campagne appelée à se dépeupler, la cohabitation sera interdite dans les nouveaux centres urbains, entre gens de couleur différente. Les zones périphériques qui leur seront affectées constitueront le séjour agréable des indigènes.

Article 8 : Ceux des indigènes qui viendraient à se laisser charmer par une nymphe quelconque non indigène devront faire taire leur sentiment, et y renoncer purement et simplement

Article 9 : Il est formellement interdit aux indigènes, sous peine de sanctions sévères pouvant aller jusqu'à la peine capitale, de frôler les non-indigènes, ou de s'asseoir à côté d'eux, dans toutes manifestations publiques ou privées, en vertu de la supériorité incontestée et incontestable de la race blanche, cette supériorité reposant sur les hautes valeurs morales des blancs. En ce point très précis, la discrimination sera de rigueur et, à titre d'exemple, il y aura, sur les places publiques, des sièges à part pour les Blancs et des bancs à part pour les Noirs ; en chemin de fer, il y aura des wagons-lits à part pour les Blancs, et des fourgons à part pour les Noirs ; la même loi prévaudra dans les marchés, les magasins, les cafés, cinémas, dancings, etc., etc.

Article 10 : Très important. Le droit du plus fort non en raison numérique, mais soldatesque, étant admis, toléré et tolérable à tous les coups, toutes les ressources minières, industrielles, agricoles et toutes autres richesses nous reviennent d'autorité.

Additif : À bon entendeur, salut !

Messieurs, les présentes dispositions sont on ne peut plus précises et plus significatives ; vous pouvez donc disposer !

Le fonctionnaire fait une courbette et disparaît.

Muketo. — Je n'ai rien compris un seul mot de son laïus.   Qu'a-t-il dit ?

Mukoko. — Je crois avoir compris que le jour se lèvera désormais à l'Occident !

FIN

Quand le bras est malade
est malade

Comédie

Petite comédie inspirée de la philosophie bantu

Un acte — cinq scènes

Personnages :

M'mutu ou M'tu	(Tête)
Kutu	(Oreille)
Disu	(Œil)
Kulu	(Jambe)
M'nwa ou Munwa	(Bouche)
Mbombo	(Nez)
Moyo	(Ventre)
Koko	(Bras)

Sens de la pièce

Les huit personnages se sont jurés assistance mutuelle : Pouvoir, don, intelligence, capacité de chacun d'eux, au service des autres.

M'mutu ou M'tu concevra

Kutu percevra

Disu veillera

Mbombo humera

M'nwa ou Munwa interprétera

Koko exécutera

Kulu marchera

Moyo… (?) À propos de lui, les autres membres feront une *grève de l'action*, mais ils s'apercevront bien vite que Moyo est aussi utile à la communauté, à condition d'être régulièrement *entretenu*.

Personne, cependant, ne sera d'aucune utilité en cas de maladie de Koko. Celui-ci mourra, faute d'assistance, lui qui a tant et tant fait pour chacun ! C'est vrai, le joueur de tam-tam ne jouit pas des honneurs de son instrument à sa mort : *Siki tsia ngoma, ka diamina mu ngoma ko !*

Interprétation facultative

Chaque personnage porte en plastron, si

possible, le symbole de son nom (M'mutu ou M'tu, la tête, etc.), ou ployant sous les instruments de ses activités (livres, pour M'mutu ; pioche, équerre, etc., pour Koko).

Scène I

Les personnages entrent en scène tout à tour.

M'tu. — Je suis M'tu *(désignant la tête)*, comme… *Muntu*, l'homme, la personne ; l'être, créé de tout temps pour être *(bâ vânda)*. Le grand esprit m'a conféré les dons de l'entendement, de la conception, de l'initiative, de la pensée fulgurante comme l'éclair de l'orage, et plus rapide que la course du vent dans les nuages. Mes créations durent et me survivent toujours.

Je suis grand. Je domine, j'ordonne. Je tire mon exemple sur les grands de ce monde qui règnent en maîtres absolus sur les petits, les faibles, les pauvres. Entre eux et moi, la différence est cependant énorme. Leur puissance tue. Tout est à leur avantage. Moi, par contre, je recherche la collaboration de tous, car tout seul, quoi qu'il en soit, je ne puis rien. Je conçois, étant, par essence, doué. Mais je ne puis mettre à exécution mes propres projets. Je conçois donc, non pour moi seul, mais dans l'intérêt de tous. Bref, je suis l'intention, mais je ne suis pas l'action.

Disu. — Lumière éclatante, soleil ardent, flambeau, ange gardien de la citadelle, intrépide messager, doué du privilège de voir, regarder, apprécier les formes, les couleurs, les dimensions.

Je suis dans sa course azurée le soleil, au Levant, au zénith, au couchant. Je vois la lune, les étoiles. Je sonne le réveil. Ma puissance est telle que j'embrasse d'un seul coup du regard le monde qui nous entoure. J'admire, j'apprécie, je contemple, mais aussi je proteste contre les vues repoussantes. Bref, sans faux orgueil ni fausse vantardise, je suis la lumière qui scrute les ombres, au propre comme au figuré.

Pourtant, il me répugne de m'attarder sur certains spectacles, afin de m'épargner des souvenirs pénibles : l'affamé traînant, piteusement son squelette décharné l'humilié sans consolation ; l'assassiné sans défense, le tyran dans son arrogance révoltante, et les paysages incendiés, ravagés, bombardés, spectres de la désolation.

Par contre, j'éprouve un plaisir immense à parcourir les livres qui enseignent la science, mais surtout la sagesse…

Kutu. — Je règne en maître sur l'empire du son, du léger souffle de vent au tonnerre du canon de guerre, en passant par l'harmonie musicale, le bruit banal des choses, les murmures, les cliquetis, les crissements, les gémissements, les rumeurs et tous les fracas ; les tapages et tintamarres ; tous les hurlements, mugissements, bourdonnements, ronflements, vrombissements, grondements, roulements, et tous les éclats, et tous les retentissements, et tous les scandales !

Noble position sociale cependant qui me confère en vertu de mon caractère particulièrement délicat, la vertu de distinguer un cri de joie d'un appel désespéré, une prière d'une confidence ou d'une menace… Mon univers est riche en contradiction : accords, désaccords, symphonies, cacophonies, alléluia, lamentations. Trompettes, glas, tocsins alternent. Mais si, par bonheur, il me parvient la bonne nouvelle, la bonne musique, la belle chanson, quel plaisir et quelle joie !

Koko. — Je suis paré du titre d'agent d'exécution dans le sens le plus large et le plus divers. Réalisateur matérialisant tous les rêves, grands ou petits, à l'avantage de la société tout entière. Mais je ne suis pas esprit, je me nomme Action. Je transforme tout, et, sous mon couteau, mon rabot, ma scie, ma truelle, mon marteau, mon crayon… J'ai embelli le monde et créé des formes nouvelles. Regardez et admirez mes plantations, mes routes, mes ponts, mes villes et villages, avec leurs écoles, leurs hôpitaux, leurs édifices, leurs temples, leurs tribunaux, et leurs usines et toutes sortes de machines.

M'nwa. — Du bric-à-brac, du brac à bric… Des *on-dit* ; des : *il paraît* ; des *vrais oui ou non ?* ; *on apprend que… on constate que…* Commérages, mensonges, chantages, médisances, calomnies, envies, jalousies, accusations fausses ou vraies, provocations, immixtion, ingérences, crimes, vols et patati et patata ! Des mots ! Mais, rien que des mots ? Attention ! Ils prennent forme et corps sous la baguette magique de l'action.

C'est moi, la parole c'est-à-dire le verbe, l'expression vivante de tous les êtres. Je traduis, j'interprète, et je donne un sens et une âme à toute chose. De miel ou de fiel telles sont les deux formes antagonistes de mon expression, au gré des circonstances.

Mon intervention seule en toute occasion crée le dialogue. Et les communautés humaines ne pourraient ni communiquer ni communier par mon silence. Mais mon malheur est dans ma duplicité : me taire ou m'exprimer. Mais quand ? Et si d'aventure, on m'appelle… *Yanga*, c'est le comble !

C'est qu'aussi, je suis un art. À ce titre, la parole ne sera jamais donnée à tout le monde. Aux bavards, elle sera abondante, mais pour ne rien dire, à cause de leurs propos décousus, sans suite. Aux diserts, esprits brillants et pétillants, de divertir par opposition à ceux qui ennuieront parce qu'ils ne sauront, s'ils tentent quelque aventure quelconque, que bêler, chevroter, nasiller, gueuler, jargonner, bafouiller, baragouiner, etc.

Voici quelques principes précieux comme de l'or, pour honorer la déesse Parole :

Dans l'intimité, il s'agira de causer, de converser sur le ton tendre : oui ! Mon cher ; oui ! Ma chère, etc.

Quand il faudra dialoguer, faire usage de l'interrogation — la question —, qui engendre une réponse chez l'interlocuteur, vraie ou fausse, mais justement soumise à votre jugement. On est d'accord ou on ne l'est pas…

Dans le doute, il faut consulter autour de soi, selon le précepte même ancestral : dans la solitude, repose en ton âme !

Et si d'aventure, vous n'avez que des futilités à débiter, pour tuer le temps, et parce qu'on ne sait pas quoi d'autre faire, allez donc bavarder !

Mais le ton, pour conférer, doit être noble et courtois : mesdames et messieurs… Et suit immédiatement votre conférence, bâtie sur le triptyque ci-après : l'introduction ou l'entrée en matière *(à noter cette dernière expression qui dit bien ce qu'elle veut dire)*, le corps du sujet, etc. Les pieds appelés savamment conclusion, support de vos arguments ! C.Q.F.D. !

En ce qui me concerne, j'observe et j'applique ces principes sacrés, quoique bien souvent je pèche par omission. Car, n'étant pas fait pour me taire, je parle. Et il le faut bien ! Je préviens, je suggère, propose, ordonne ou menace… Et si je suis humble et compatissant avec les pauvres et braves gens, je brave les rois !

Dans ma diversité, tour à tour, je loue les bonnes œuvres, tandis que je désapprouve le vice. J'adresse des prières aussi facilement que, changeant de ton, je profère des menaces ou des injures.

Dès que je me mets en branle, mille curiosités s'éveillent. Chaque mot que j'avance est méticuleusement analysé, trouvant un écho favorable ici, défavorable ailleurs. Ainsi, je suis tour à tour approuvé, contrarié. Tantôt, je soulève des foules en liesse, tantôt je dois battre en retraite sous des huées.

Bref, je suis capable de tout : plaire ou déplaire ; apaiser, exciter, surexciter, provoquer, soutenir ou encourager ; décevoir, détruire, humilier. En somme, je suis le cultivateur dont la semence produit plus d'épines que de bonne moisson. Je provoque plus de tempêtes que d'accalmies. Et s'il y a tant de tintamarre de par le monde, ce n'est pas sans moi. Car il m'arrive bien souvent de me fourcher ! Mais, fidèle interprète au service de ma société, je n'exprime rien qui m'ait été ordonné *(M'tu acquiesce, de la tête)*. Mon rôle me donne ainsi le sentiment exagérément aigu de mon indéfectible attachement à notre corps social. Et si, malgré moi, il m'arrive de m'arrêter net et à jamais, c'est que la vie aura déserté. Mais longtemps encore, je reste gravée dans les esprits que j'ai conquis.

À bon entendeur, salut !

Kulu. — Je me nomme ambassadeur itinérant. Pour remplir ma mission, trois conditions me suffisent : marcher, marcher et… marcher !

La volonté, les désirs ou les convoitises de Dieu me font constamment faire des allées et venues, sous les ordres irrésistibles de M'tu. Par où donc ne suis-je pas passé, sous l'action combinée de M'tu et de Dieu ? Et par tous les temps !

Mais mon principe est de toujours suivre la voie droite et directe sans m'épuiser vainement, et d'éviter les sentiers par trop battus. Car, il me faut sans cesse courir à la découverte et à la conquête du nouveau. J'ajoute et je retiens aussi que les voies faciles mènent au néant, que la platitude manque d'éclat, et que si toute montée est pénible, elle seule conduit au sommet.

Ainsi, je vais toujours, et toujours je reviens. Je marche, je marche, je marche toujours *(Kulu joint la démonstration à la parole)*. Par tous les temps, je vais, je trotte, je cours, je cabriole, je gambade ! À la fin de journée, je rentre, tout fourbu, ployant sous le poids des chemins parcourus, et celui de la communauté tout entière que j'ai transportée par-ci par-là, depuis le lever du jour.

Bref, grâce à moi, notre société évite de rester figée dans l'inertie accablante de la matière. Je me console donc de mon rôle, sans en tirer nulle vanité, me bornant tout au plus à m'en faire un point d'honneur *(fléchissement de genoux)*.

Mbombo. — Au service entier et total du

principe de vie. Présentation laconique, mais qui vaut bien toutes les autres. Et les grandes vertus s'énoncent en très peu de mots. Ce n'est pas peu dire. Mais je remplis aussi la fonction banale à renseigner sur la qualité — bonne ou mauvaise — des parfums qui flottent dans l'atmosphère, au gré du vent. Et Moyo se creuse et s'impatiente dès que j'ai humé pour lui à sa grande satisfaction la bonne odeur appétissante qu'exhalent les cuisines (grimaces de Moyo).

Moyo *(tout bedonnant)*. — Mission particulière : condition de tout travail, de tout effort, de toute activité, de quelque nature que ce soit, manuelle ou mentale… *On attend la suite, mais elle ne vient pas ! Alors, Moyo :)* C'est tout, mais c'est beaucoup, et c'est important. J'ajouterai seulement, après les dires de chacun de nous, que nous formons ici un corps dont tous les membres sont complémentaires.

Tous *(à la fois et radieux)*. — Parfaitement

– Rideau –

Scène II

M'nwa — Koko – Kulu

M'nwa. — Nous venons, à l'unanimité, de proclamer que nous sommes tous utiles les uns aux autres. Réflexion faite, je considère, quant à moi, que d'une manière générale, cela ne peut être vrai.

Koko. — Mais si ! Mais si ! Voyez mon cas, par exemple. Je travaille en liaison, avec M'tu. Que puis-je faire tout seul ? Je réalise beaucoup d'ouvrages, mais c'est avec son concours. Je…

Kulu. — Je serais d'avis. Et mon cas serait semblable au tien, si je ne me devais de faire quelques remarques. Tu crées grâce au concours de M'tu, plutôt sous sa dictée. C'est comme qui dirait (paraphrasant les théologiens à propos de la création du monde) : il suffisait à Dieu de dire que la lumière soit, et la lumière fut ; que ceci ou cela soit ; et ceci ou cela fut, etc. Et moi, qui suis-je, sinon un vil instrument au service de M'tu. Lui, il se congratule, il se rengorge. C'est la boîte de pensée hors laquelle rien n'est conçu ! Alors ?

M'nwa. — Aussi ai-je dit tout à l'heure que d'une manière générale, nous ne sommes pas utiles au même titre, les uns à l'égard des autres. Ainsi Moyo doit plutôt compter sur moi, plutôt que de compter sur lui. D'ailleurs, de quelle utilité, il m'est ? Dites-le-moi.

Koko et Kulu (*à la fois*). — C'est un fait.

M'nwa. — Permettez que je continue en prenant vos propres exemples, par rapport à M'tu, qui se dit être au-dessus de nous tous, et, de ce fait, nous surpasse. Pour moi voici la vérité crue : supposons que M'tu, conçoive le plan d'une maison. Bon. Sa maison est bâtie au moment même où il la conçoit : rez-de-chaussée, étages, appartements, électricité, eau, rideaux, meubles, jardins aux alentours, et tout, et tout. Il a la maison toute faite dans sa… tête. Mais ce que M'tu oublie, c'est que sa maison n'est encore qu'un beau rêve ! Et qu'il ne pourra jamais l'habiter, tant que Koko et Kulu ne se mettent pas à l'action ! Kulu portera Koko, chercher les matériaux.

Koko se mettra d'abord à réaliser cette maison sur le papier, à la bâtir ensuite sur le terrain. Mais là encore, Koko ne se suffira pas à lui seul. Il aura à se déplacer d'un point à l'autre de l'édifice. En longueur. En largeur. En hauteur.

Mais non sans le concours de Kulu pour assurer les va-et-vient. Alors, la maison sort lentement du rêve, à la grande joie de M'tu ! La maison est née. Établissons les parts de contribution : au départ, M'tu qui a pensé à la maison, et a ordonné à Kulu d'aider Koko à aller ramasser les matériaux.

Koko, aidé toujours par Kulu, a réalisé la maison, sous les ordres précis et parfois péremptoires de M'tu : *Ici, je veux que la maison soit comme ceci, là comme cela*. Et Koko travaille à la forme. Mais, au lieu de chanter tous allègrement, *nous l'avons bâtie, la chère maison...* quelqu'un voudrait faire prévaloir ses services : sans moi, cette maison ne serait pas faite, et d'abord, il fallait y penser ; l'autre dit, se targuant de sa participation, qu'il fallait aller chercher les matériaux ; le troisième enfin avance que sans lui, il ne pourrait être question de maison, parce qu'il fallait : mesurer, tracer, creuser, et construire, matériellement.

Bref, c'est à n'en plus finir de vouloir savoir qui, finalement, a bâti la maison ! À ce propos, connaissez-vous cette histoire **ab ovo** : autour de l'œuf et de la poule, ou de la poule et de l'œuf ?

A-t-on su qui des deux a existé le premier ? Mais qu'importe !

Disons simplement que la maison a été réalisée grâce au concours, et aux efforts conjugués du trio M'tu – Koko – Kulu. Bien. Voilà qui est établi, et je vous félicite tous trois.

Disu *(intervenant énergiquement)*. — Pardon ! Pour mesurer, tracer, creuser, etc. il te fallait bien y voir clair !

M'nwa. — D'accord, mais ce ne peut être le cas pour Moyo au sujet des services que je lui rends tous les jours, mais de qui je ne dois rien attendre ! Tous les jours, il me faut lui mâcher ses aliments. Et lui, il attend que tout soit prêt. Mieux, il ne prend même pas la peine de se déranger pour aller les prendre. Je dois avoir soin de les lui expédier !

Koko et Kulu *(à la fois)*. — C'est vrai !

Koko. — Moi aussi j'apporte mon concours à Moyo. Tu n'oublies pas M'nwa, que ces aliments que tu lui mâches, il faut que je sois allé les chercher d'abord ?

M'nwa. — Je ne le conteste pas. Mais, qu'as-tu de Moyo, en retour ?

Koko. — Rien bien sûr ! Il y en a pour qui le monde fait bien les choses, et qui ont juste pris la peine de naître !

Kulu. — Soyons justes et équitables. Moi aussi je contribue à l'entretien de Moyo. Vous n'oubliez pas que Moyo n'aurait pas ses aliments si je n'avais pas aidé Koko à aller les chercher.

Koko et M'nwa. — C'est exact. Mais qu'as-tu de Moyo en retour ?

Kulu. — Eh bien, rien !

Tous les trois *(à la fois)*. — Et voilà ! Nous travaillons tous les jours pour ce gros Moyo, mais le gros Moyo ne fait rien pour nous !

M'nwa. — Devant cette évidence, que devons-nous faire ?

Koko. — Pour moi, la question ne se pose plus, à partir de maintenant. Je ne me prêterai plus à aucun service en faveur de Moyo.

Kulu. — Je prends la même décision.

M'nwa. — Et moi également, et pour cause !

Koko. — Nous verrons bien ce qu'il est capable de faire sans nous.

Kulu. — Il apprendra à se débrouiller tout seul, à songer au moins à se nourrir pour s'entretenir et se donner le luxe de dormir tout le temps !

M'nwa. — Nécessité mère des inventions ! On dit que le caméléon ne sait pas aller vite. Il a une démarche lente et il hésite sept à dix fois avant de porter sa patte en avant. Mettez-lui du feu à la queue, vous verrez que maître caméléon sait aller vite ! Ainsi, de Moyo qui n'attendra plus benoîtement que…

Kulu. — Nous courions !

Koko. — Nous cuisinions !

M'nwa. — Nous mâchions !

Tous. — Pour lui !

M'nwa. – Et il me semble que tout notre corps social n'ait de raison de vivre que pour lui ! Ah ! Le veinard !

Tous les trois *(à la fois)*. — Mais le parti est pris : à Moyo tout seul. Allons ! Payons-nous des vacances !

– Rideau –

Scène III

Tous les personnages. (Sur la scène, tous les personnages, immobiles. C'est la grève de l'action. Mais bientôt, des gémissements : paralysie générale de tout le corps social).

M'tu *(haletant).* — Le travail arrêté depuis trois jours devra être repris. Les commandes traînent. Les clients sont mécontents. J'étouffe sous l'inaction. Que se passe-t-il, Koko ?

Koko *(fébrile).* — J'aurais bien voulu continuer et même terminer le plus vite possible, mais je ne sais pas ce qui m'arrive. J'ai des langueurs. J'ai demandé hier à Kulu de me transporter sur les chantiers, mais il n'a voulu rien savoir. Alors je n'y puis rien.

Kulu *(faible).* — Non pas que je n'aie pas voulu t'y transporter. Je ne le puis pas. Mes jambes tremblotent et sont aussi faibles que celles d'un bébé d'un jour ! Je ne comprends pas. Je suis peut-être ce qu'on appelle, malade.

M'tu. — Oui, il fait très lourd. Et je pense moins bien. Toutes les idées fuient en désordre. Je suis incapable de ma moindre concentration. Disu peut-il, nous renseigner sur le temps qu'il fait ? Peut-être, l'approche d'un orage rend si lourde l'atmosphère !

Disu *(larmoyant).* — Je ne sais, car mes paupières sont lourdes ; je ne puis les ouvrir.

M'tu *(la voix pâteuse).* — Le flair de Mbombo pourrait-il nous renseigner ? L'air s'est-il raréfié, et ne courons-nous pas un risque d'asphyxie ?

Mbombo *(nasillard et lent).* — Je n'ai presque plus de souffle. Je ne sens rien. Il me semble qu'un vide d'air se soit fait autour de moi.

M'tu. — Kutu, percevez-vous, quelques

bruits, quelque appel désespéré ou quelque prière ?

Kutu *(presque inaudible)*. — Tout est silence alentour. Aucun signe de vie. Tout semble mort.

M'tu. — Que pense Moyo de tout ce malaise général ?

Moyo *(dont le débit est très lent et éclats de rire ironique)*. — Ouais ! J'en sais quelque chose, moi. Eh bien ! Ce malaise général, comme tu l'appelles, dont je suis moi-même la première victime, est la conséquence immédiate et… logique d'un manquement à leur devoir social que j'impute à M'nwa, Koko et Kulu.

Réaction de M'nwa, Koko et Kulu

— De leur avis unanime, je suis ce gros fainéant pour qui tout le monde travaille, mais de qui l'on n'a rien en retour ! Ils ont donc délibérément décidé de ne plus me nourrir. Je les accuse donc publiquement pour leur crime d'attentat à la vie de notre corps. Que chacun de nous veuille bien se rappeler les attributs qui nous sont respectivement dévolus. Je n'ai pas à rappeler que je suis la condition de toute activité. Vous savez ce que cela veut dire.

Depuis trois jours, je suis affamé, par la faute de trois d'entre nous qui avons cédé à un mouvement d'orgueil stupide qui les a aveuglés au point d'oublier que nous sommes utiles les uns aux autres. Ce n'est pas seulement moi qui suis nourri, mais, faute de quoi je ne puis distribuer, l'énergie à tous.

Il est donc clair que nous travaillons pour les autres et que les autres travaillent pour nous. Voilà l'explication, toute simple, du malaise dont nous sommes frappés en ce moment. Mais nous en connaissons désormais le remède. Pour le moment, il faut nous restaurer, et immédiatement.

Tous se dressent sur leur séant, regardant Moyo.

Car nos forces nous abandonnent progressivement. Alors que l'on m'apporte à manger si vous voulez encore vivre !

Koko. — Exactement, et sans tarder !

Kulu. — Allons-y !

M'nwa. — OK !

Tous *(poussent un soupir)*. — Ha !

– Rideau –

Scène IV

Koko est dans son atelier de travail. Il calcule, dessine, consulte des manuels, etc.

M'nwa. — Allô, Koko, toujours sur la sellette ? Jamais le moindre répit ?

Koko. — Eh, oui ! Il faut travailler, toujours ! Et il le faut !
Il s'affaire dans son travail, il taille un bâton, par exemple.
— Plus tard à l'âge vieux, on aura tout le loisir de se reposer tout son saoul.
Soudain, M'nwa fait la grimace : il a mal, aux dents.

M'nwa. — Ah ! Ces maudites dents ! Ces maudites dents ! Il faut que je me les arrache toutes et puis on n'en parle plus, oui, on n'en parlera plus !

Koko, ne connais-tu pas un moyen qui peut me soulager de cette douleur ?

Koko. — Mais si ! Mais si ! Je vais te faire bouillir en peu d'eau avec beaucoup de sel. Tu vas te rincer la bouche avec, et ton petit mal va vite passer. Attends un instant.

Koko prépare un réchaud, une bouilloire et du sel.

M'nwa. — Mon petit mal ! Ouais tu n'en as pas toi, de dents. Tu conviendrais que c'est un mal cuisant, quand elles sont malades. On a envie de s'arracher la mâchoire !

Koko. — Bon, non. Soit. Mais chacun de nous a son petit coin où il loge son bobo.

M'nwa. — Ouais ! Mais le mien, je ne me ferai point prier pour le tronquer contre n'importe quel mal.

Koko. — Chut !

Il verse l'eau de la bouilloire dans un verre.

— Il faut te dire que le mal ne t'incite pas au

silence, hein ? Et qui sait si ce n'est pas à force de dire quelque chose que... allez, viens !

Il lui met de l'eau dans la bouche.

— Allez ! Fais comme ça !

Koko gonfle ses joues.

— Et cinq à dix fois, comme ça. Tu m'en diras des nouvelles. Allez ! Va.

M'nwa sort.

M'tu. — Bonjour, Koko ! Comment te portes-tu ?

Koko. — Comme tu vois.

M'tu. — Jamais de repos chez toi ?

Koko. — Oh ! Lala ! C'est une question à laquelle il ne me plaît pas de répondre. Et puis, que veux-tu ? Tu m'assièges tout le temps : *fais ceci*, *fais cela*. Comment pourrais-je ?

M'tu. — Eh ! bien, soit ! Je viens encore t'occuper. Je souffre. J'ai des bourdonnements, dedans.

Il incline la tête vers Koko.

Koko. — Une migraine sans doute.

M'tu. — Migraine ou pas, j'ai mal, et mets-moi quelque chose dedans, qui puisse me soulager.

Koko. — C'est qu'aussi de tout temps tu n'as de cesse de te creuser ! Fouillant par-ci, fouillant par-là, en train de toujours chercher… à l'affût de quelque découverte ou de quelque invention. Pour finalement trouver de quoi m'occuper.

M'tu. — Oui, voilà mon malheur, mais je suis fait comme ça. Ou, pour ça. En ce moment, vois-tu, je voudrais faire mettre au point le meilleur moyen de capturer les poissons ou les bêtes de la brousse… Oh ! Lala ! Je me sens très mal, et maintenant plus que tout à l'heure le fait d'avoir pensé.

Koko. — Arrête-toi donc un instant au moins de tant réfléchir, de tant philosopher, et de tant spéculer. Chacun de nous y trouverait son compte.

M'tu. — Ah ! Ça ! Tu n'y es pas pour un *meya*, Koko. Mais ce serait la catastrophe, il en irait du sort du monde ! Car, sans moi… Mais les dieux me gardent de pécher par présomption ! Oh ! Là ! J'ai mal !

Koko. — Voilà ! On vient consulter le guérisseur, mais on trimbale son *cabinet de travail*. Allons ! M'tu, trêve de besogne. Couche-toi là, que je te mette, en le serrant bien fort, un bandeau autour !

M'tu se couche, Koko s'exécute.

— Voilà ! Ça doit pouvoir aller maintenant ! Mais va plutôt te coucher. Et dis adieu pour le moment à tous les calculs !

M'tu se retire, Koko s'active.

M'tu *(bougonnant).* — Si tu crois que c'est simple de s'empêcher de rêver. (Haut) Merci, et au revoir !

Koko. — Plût au ciel que la maladie t'emporte. On respirerait un bout de temps au moins ! Ah ! Celui-là alors ! Pas un brin de détente avec lui ! « Fais ceci », « fais cela », et

« ceci et cela ». Ainsi on est toujours sur le métier. Pas le temps de chômer. Ah ! Lala !

Kulu *(entre, boitillant)*. — Comment vas-tu Koko ?

Koko. — L'entrain ne me fait jamais défaut. Je veux dire que je vais bien. Et toi ?

Kulu. — Oh ! Ça ne va pas fort. J'ai des rhumatismes qui me torturent. Que me conseilles-tu ?

Koko. — Une bonne saignée et une friction de menthe.

Kulu. — Quoi ? Une saignée ? Il ne manquerait plus que ça, alors !

Koko. — C'est tout ce que je puis te proposer. Ou tu as envie de guérir, ou tu vas continuer à te plaindre. Mon père me disait : *le remède est dur, mais il guérit* !

Kulu. — Bien, allons-y pour une saignée alors !

Koko. — C'est comme il te plaira !

Kulu. — Me voilà ! Vas-y ! Et, merci, d'avance.

Koko, un couteau à la main faisant semblant d'inciser. Kulu crie.

— Oyi ! Ayi !… Oh ! Oh ! Oyi ! Assez ! Assez ! Méchant ! Laisse ! Laisse !

Koko, dépose le couteau, prend une poignée de menthe, la frotte contre les jambes de Kulu qui cette fois ne crie plus, mais hurle !

— Oyi ! Oyi ! Ayi ! Ayi ! Terrible ! Incroyable ! Assez !

Koko *(l'air amusé)*. — Voilà ! Avec ça, il faudrait que ça tienne du démon que tu ne chasses pas définitivement tes rhumatismes ! Allez ! Va !

Kulu *(boitillant, sort)*. — Merci ! Merci ! Ami.

Mbombo *(nasillard)*. — Ah ! Je m'en doutais ! Toujours un petit quelque chose à faire ! Comment vas-tu ?

Koko. — Eh ! Ma parole ! Dieu merci, c'est

comme tu vois ! L'inaction est ma maladie. Je suis ainsi fait. Le contraire de l'inertie, quoi !

Mbombo *(nasillard)***.** — Tant mieux ! Tant mieux ! Et je viens ajouter à tes occupations.

Koko. — Quoi encore ?

Mbombo *(nasillard)***.** — Je suis bouché !

Koko. — Quoi ? Quoi ? Quoi ?

Mbombo *(nasillard)***.** — Oui, bouché ! Le souffle de vie…
Il éternue fort.

Koko. — Ah ! Ah ! Je vois, je vois ce que tu veux dire. Place-toi là, comme ça ! Voilà !
Il pince le nez et lui dit de renifler fort.

Mbombo. — Pfouan…
Il répète le mouvement plusieurs fois.

Koko *(avec un mouchoir, essuie le nez)***.** — Voilà ! Comment te sens-tu à présent ?

Mbombo. — Très bien !

Koko. — Eh, bien, parfait !

Moyo. — Koko, bonjour !

Koko. — Bonjour, Moyo ! Et cette santé ?

Moyo. — Diable, ma visite à quelque explication.

Koko. — Je suis tout yeux et tout oreilles.

Moyo. — Je suis malade.

Koko. — Oh ! La ! La ! Arrête-toi ! Nous revenons à peine de l'émotion que tu nous as causée, il y a quelque temps. Il n'est pas question que nous recommencions l'expérience. Et puis…

Moyo. — Inquiétude injustifiée, ne te fais pas de bile. La dernière leçon nous a tous instruits. Bien fou qui recommencerait ! J'ai des crampes à l'estomac. Excès de nourriture !

Koko. — Ah ! Cela, c'est autre chose. Qu'à cela ne tienne. Je m'en vais te faire un massage. Tiens, allonge-toi là. Là ! Voilà !

Koko se met à masser Moyo qui fait la grimace.

Moyo. — Dois-je te remercier ?

Koko. — C'est déjà une façon de me remercier. Mais pour si peu ? Ts… Ts… Je suis fait pour toucher à tout. À tout, c'est une façon de parler, entends-moi bien !

Moyo. — Naturellement. Eh, bien, au revoir, et à la prochaine !

Koko. — Mais pas avec tes crampes !

Moyo. — J'espère que non !

Kutu, Disu et les autres qui reviennent en même temps, parlant tous à la fois et se disputant Koko à qui mieux mieux.

Tous *(à la fois)*. — J'ai mal, j'ai mal… Oh ! Ma tête ! Oh ! Ma bouche ! Ma jambe !

Montrant chacun la partie qui lui fait mal, tandis que Koko va de-ci de-là ; ne sachant pas par où commencer. À peine commence-t-il ici qu'il abandonne et court chez tel autre.

Koko. — Je suis débordé. Ils viennent tous à la fois, et je ne sais par qui ou par où commencer ! Toi, viens ici ! Qu'est-ce qui ne va pas ? Non, reste. L'autre. Non, ce n'est pas toi. Celui-ci. Celui-là. Non, non… Mettez-vous en rang.

Dispute et bousculade autour de la première place.

— L'un derrière l'autre !

Koko aide à les ranger.

— Bon !

Imposition des mains et formule magique.

— Je touche T, je palpe P, je tâte V, je serre B, je masse N, j'étrangle B, j'étouffe O.

Joignant la démonstration à la parole, et rayonnant.

– Tout le monde est guéri ! Allez-vous-en !

– Rideau –

Scène V

Le bras est malade. Complainte. — Tous les acteurs, impassibles, sont sur la scène autour de Koko.

Koko. — Je vis seul parmi cette foule. Je ne puis que compter sur moi-même. Oh ! Que c'est triste à crever l'âme ! Moi qui me suis tant dévoué pour chacun et pour tous, voilà mon tribut ! Voilà le prix de tant et tant de services ! Ce vide, cette absence, autour de moi, c'est quelque chose d'effrayant. De quelque côté que se tourne mon regard, tous les horizons sont sourds, aveugles et muets.

Quand M'tu souffrait, je courais à son secours ;

Quand Moyo souffrait, je courais à son secours ;

Quand Kutu souffrait, je courais à son secours ;

Quand Kulu souffrait, je courais à son secours ;

Quand Disu souffrait, je courais à son secours ;

Quand Mbombo souffrait, je courais à son secours ;

Quand M'nwa souffrait, je courais à son secours ;

Que fait M'tu, maintenant que je souffre ?

Que fait Moyo, maintenant que je souffre ?

Que fait Kutu, maintenant que je souffre ?

Que fait Kulu, maintenant que je souffre ?

Que fait Disu, maintenant que je souffre ?

Que fait Mbombo, maintenant que je souffre ?

Que fait M'nwa, maintenant que je souffre ?

Il suffisait que chacun d'eux me dise : *J'ai mal ici, j'ai mal là* ! Que je me portais vite à l'endroit ! Je touchais, je tâtais, je caressais. Je souffrais avec eux tant que duraient leurs douleurs.

Mais voici qu'à mon tour, je souffre, et je souffre seul ! Ils sont là et ils me regardent tous, avec le même air d'impuissance. Bougez, diable ! Et ne me laissez pas ainsi bêtement mourir ! Allons ! Allons !

Oh ! Misère profonde ! Ils ne bougent point. Non, pas même d'un pouce ! Ils sont là, pétris dans leur inertie !

Allons, M'tu, à quoi me sert aujourd'hui ton intelligence ? Bouge donc, et guéris-moi, j'ai mal ici… Tu ne bouges pas ! Tu me paieras tous mes services…

Et toi, M'nwa, le verbe, l'expression vivante ! Aux choses inanimées, tu donnes la vie. Qu'attends-tu pour redonner sa santé à Koko ? Tu ne bouges pas ! Non ? Que tes maux de dents t'emportent au diable vert. Viens demain t'en plaindre ! Ah ! Je te guérirai bien ! Ayi… j'ai mal… chante-moi, au moins en désespoir de cause, une rengaine sentimentale ! Ce pourrait être un remède. Mais, je t'en prie, point de discours ! Non ? Bien ! Buvons au moins un coup à la tienne.

M'nwa sourit.

— Quelle cruche ! Mbombo ! Oh ! Toi là ! Sia ! Mouche-toi ! Mouche-toi tout seul ! Mais que fais-tu là donc à me regarder comme pour te moquer de moi ? F… moi le camp ! Oh ! Si j'étais encore capable de te tordre. Mais… mon impuissance actuelle à pouvoir le faire est encore un mal plus cruel ! Réjouis-toi de ma maladie, va !

Bouge un peu de là, Moyo ! J'ai faim, apporte-moi à manger. Et vite ! Alors ? Tu me fais attendre ! Bouge, te dis-je ! Non, il ne bouge pas plus que les autres ! Quel empoté ! Regarde-le là, tout bedonnant, tout repu, tout content. Et quelle mine réjouie ose-t-il opposer à mes crispations ? J'enrage ! Allons ! Mais sois donc malade comme moi ! Qu'attends-tu ? Imbécile heureux !

Quant à toi, Disu, moi je te vois bien ! Il faut que tu sois aveugle, au point que… Mais regarde donc, je me meurs ! N'aperçois-tu rien ? Ne vois-tu rien ? Tu regardes, mais ne vois point, n'est-ce pas ? Alors, au revoir, mon ami ; et… porte-toi bien !

Kutu ! Oui, bouche-toi bien les oreilles à mes cris ! Ils ne te touchent pas, je veux dire, ils ne te parviennent pas. Comment pourrais-tu t'émouvoir et compatir ? Ouais ! Si c'était du tam-tam qui te faisait vibrer, tu aurais mis tout le monde en branle ! Ah ! Le méchant ! Que tu sois maudit le reste de ta vie ! Et plaise aux mânes que tu n'enregistres désormais, que plaintes et imprécations. Je te souhaite bien du plaisir à continuer à goûter aux charmes musicaux. Moi j'ai mal…

Et ce n'est pas non plus Kulu, qui me guérira ! Holà ! Kulu, par ici ! Tiens là, j'ai mal ! Hein ? Tu ne bouges pas ! Eh, bien ! C'est un peu fort ! Tout est fini !

Va-t'en courir tes plaines et monts, tandis que, seul, je me meurs ! Mille chaleurs de démangeaisons t'emportent, et tu pourras te payer le luxe de gambader partout jusqu'à ce qu'épuisé, tu appelles désespérément Koko à ton secours. Mais je crains qu'il ne soit pour toi, trop tard !

J'ai mal, j'ai mal, et je suis tout seul parmi cette foule. Je suis allé de porte en porte demander secours, l'indifférence et le silence seuls m'ont répondu ! C'est encourageant !

Koko délire.

— Oui, oui, attends-moi ! Je vais soigner M'tu, Disu, M'nwa, Mbombo, Moyo, Kutu et Kulu, et tout le monde. Venez, je suis prêt à vous soulager ! Où as-tu mal, mon ami ? Ici ? Oh ! Ce n'est rien ! Je vais te faire un massage… Voilà ! Où encore ? Là ! je vais t'administrer une saignée ; tu t'en tireras aisément !

Koko, dans un moment de lucidité. Il promène son regard autour de lui.

— Messieurs, je me meurs ! Je me meurs ! Par votre indifférence. Et je suis moins désolé de mon mal que de votre abandon… Je vous souhaite de beaux jours ! et s'il advenait qu'un jour mon sort vous frappât, le soupir nostalgique : *Ah ! Du temps de Koko…* ne résoudra rien. Car il y aura toujours des gens qui manqueront autour de vous ou qui ne vous seront d'aucun secours. On ne peut être partout ni tout faire à la fois : être juge et partie, être maître et sujet ; être blanc et noir ; être mort et assurer son propre enterrement. Ainsi, pauvre de moi qui ai été comme le batteur de tam-tam, quand il est mort le tam-tam a cessé de résonner ! Personne, pour lui faire les honneurs d'un enterrement au son du tam-tam !

Je…

Koko meurt en présence de ses collègues impuissants à lui porter secours !

Fin

Cet ouvrage a été réalisé
par les ateliers graphiques ACGI
pour le compte et sous la direction
de Benoist Saul Lhoni

© 2019 Benoist Saul Lhoni
Édition : Books on Demand
12/14 Rond-point des Champs-Élysées, 75008 Paris
Impression : BoD - Books on Demand, Norderstedt, Allemagne
ISBN : 9782322019922
Dépôt légal : juin 2019